障害児教育＆遊びシリーズ 5

障害児のための授業づくりの技法

個別の指導計画から授業研究まで

太田正己 編著

黎明書房

まえがき

　学校教育の中心は，授業である。教師は，授業で勝負する。
　養護学校や障害児学級の教育も，やはり中心には授業がある。また障害児教育の教師も授業で勝負する。
　しかし，養護学校の中で○○訓練法や○○療法などの専門家と見なされる教師はたくさんいても，
　「私の専門は，授業です。遊びの指導です。」
　「僕は，国語の授業の専門家です。○○訓練ではありません。」
といえる教師は，それほど多くはいない。
　カタカナ名の知識にはそれほど詳しくなくても，学習指導案を書き，教材研究に明るく，自信を持って授業づくりに取り組んでいる教師はどれほどいるだろうか。

　「私は，授業づくり，授業実践の専門家です」という教師の言葉を耳にすることを，編者は期待している。

　そのために，本書は，障害児のための授業づくりを，その計画から反省までのプロセスを通して取り上げてある。個別の指導計画から始まり，教育課題，学習指導案，授業展開，教材・教具，授業記録，研究授業，VTR分析，ティーム・ティーチングまで，養護学校での実践によって，構成したものである。
　多くの障害児教育の先生方に読んでいただければ幸いである。

　　　　　　　　　　　　　　　　　　　　残暑の研究室で
　　　　　　　　　　　　　　　　　　　　　　編著者　　太　田　正　己

もくじ

まえがき 1

序章 知的障害児の授業づくりをめぐって …… 5

1 授業づくりへの関心 5
2 授業づくりのポイント 6
3 個からの出発 6
4 授業づくりと授業研究 9
5 個への配慮 10
6 教師の個性と学校の特色 10

第1章 個別の指導計画と授業づくり …… 12

1 基本的な考え方 12
2 具体的なやり方 14
3 指導例 19

第2章 教育課題と授業づくり
－教育課題の把握から授業づくりへ－ …… 24

1 教育課題とは 24
2 教育課題が明らかになるまで 25
3 実態把握と授業づくり 【授業例】ことばかず 27
4 【教材例】絵本「ねむいねむいねずみ」 30
5 評価 34

第3章 学習指導案と授業づくり
－個への視点と学習指導案作成を中心に－ …… 36

1 基本的な考え方 36
2 具体的なやり方 38

3　留意点　42
　　　4　学習指導案例　45

第4章　授業展開と授業づくり　……………………………………………………　48

　　　1　ボランティア体験学習についての考え方　48
　　　2　ボランティア体験学習への取り組みの実際　50
　　　3　授業展開の検討　55
　　　4　授業展開における留意点　59

第5章　教材・教具と授業づくり
　　　－個別に教材・教具を工夫した授業－　……………………………………　62

　　　1　サブタイトル「個別に教材・教具を工夫した授業」とは？　62
　　　2　「個別に教材・教具を工夫した授業」をしよう　63
　　　3　K養護学校高等部「食品加工班」実践事例　66
　　　4　最後に　71

第6章　授業記録と授業づくり
　　　－授業記録から再び授業へ－　…………………………………………………　72

　　　1　基本的な考え方　72
　　　2　具体的なやり方　73
　　　3　授業記録をとる際の留意点　75
　　　4　実践例（授業記録から次の授業へ）　78

第7章　授業づくりと研究授業
　　　－学習指導案の読み合わせから授業批評へ－　………………………………　84

　　　1　基本的な考え方　84
　　　2　授業研究の具体的な進め方　86
　　　3　授業研究を進めるにあたっての留意点　88
　　　4　実践例（授業づくりの例）　89

第8章 授業づくりとVTR分析
　　－学習内容とVTR分析－ ················· 99

1　基本的な考え方　99
2　VTRを活用した授業研究会　100
3　実践例　VTRを活用した授業研究会－学習内容のVTR分析－　103
4　まとめ－研究会について－　110

第9章 ティーム・ティーチングによる授業づくり
　　－実践のサイクルと取り組みの充実－ ················· 112

1　授業づくりにおける基本的な考え方　112
2　ティーム・ティーチングによる授業づくりの基本的前提　116
3　ティーム・ティーチングによる授業づくりの留意点　119
4　ティーム・ティーチングによる授業づくりの実践例　122

序章

知的障害児の授業づくりをめぐって

1 授業づくりへの関心

　知的障害児の教育においても，ここ数年のうちに，教育現場での研究的視点が授業づくりにあてられるようになってきた。例えば，従来は，授業づくりではなく，生活単元学習，作業学習などの「指導の形態」の名称が多く用いられていた養護学校や障害児学級の研究紀要等のタイトルにも「授業づくり」という用語が，全国的に用いられるようになってきている。これは，知的障害児教育の現場における授業づくりへの研究的関心の現れの一つである。

障害児教育のキー・ワード

　それゆえ，「授業づくり」は障害児教育の今日的課題を読み解くキー・ワードの一つであるが，どのようによりよい授業をつくっていくのかということと関わって，「授業研究」や「教育課題」もキー・ワードである。最近注目を集めている，新たな教育内容ということでいえば，「地域生活」や「ボランティア活動」等は，子どもたちの将来的な生活とも関わって，授業でどのように取り組むかということから，また重要なキー・ワードである。さらには，新学習指導要領との関連もあり，個への対応ということへの視点から「個別の指導計画」は今まさに全国の養護学校で取り組み始められているところである。

　このように，現在の知的障害児教育の授業づくりに関わって，これを進めるための，あるいは読み解くためのキー・ワードのいくつかを，私たちはすぐに取り上げることができる。しかし，これらの視点（キー・ワード）から深く切り込み，きちんと対応した授業実践は，現在そう多くはないように見える。

本書の意図

　本書では，これらのキー・ワードが表す課題へ早くから注目し，取り組みを積み上げている養護学校の先生方の実践をもとに，授業づくりに論及し，「個別の指導計画」（計画）から「授業研究」（反省・評価）までの授業づくりのプロセス（計画から評価まで）における特に重要なポイントに論及しようとするのが、その意図である。

　言葉をかえると，「個を見つめ集団を大切にした授業づくり」を考えるための本である。

2 授業づくりのポイント

　本書では、各章の執筆者が、集団の中で一人一人の子どもが生き生きと活動する授業づくりを念頭に置いて、そのような授業をつくるために、自らの実践に基づいて執筆している。そして、それぞれの章では、タイトルにあるような内容に力点を置いてまとめている。すなわち、個別の指導計画の作成、教育課題の設定、学習指導案の作成、授業の展開、教材の研究、授業の記録と反省、授業研究のための学習指導案の読み合わせ、ＶＴＲの分析、ティーム・ティーチングである。

　このことを、授業づくりのプロセスから見ると、①個別の指導計画はどこに気をつけて作成するか、②教育課題をどのように設定し、授業を実践するか、③個に配慮した学習指導案はどこが重要でどのように書くか、④新しい教育内容とその授業展開をどのように考えるのか、⑤個々の子どもの「持ち味」を生かす教材・教具をどのように考えるのか、⑥授業記録をどのようにとり、次の授業に生かすのか、⑦さらに、研究授業を中心とした授業研究を実り豊かにするために学習指導案の読み取りをどう取り入れるか、⑧また、ＶＴＲ記録をどのように分析し、授業研究会にどう使えばよいか、⑨どうすればティーム・ティーチングが機能する授業づくりになるか、という内容であり、よりよい授業をつくるためのポイントになっている。

　よりよい授業づくりのためのポイント

3 個からの出発

　次に各章の特徴を簡単に述べておく。

　新学習指導要領（平成11年度版）で、特に自立活動について、また重複障害者の指導において「個別の指導計画」を作成することが挙げられている。これを待つまでもなく、障害児教育では、従来から、一人一人の子どもたちを大切にする教育がそれぞれの教師の念頭に置かれてきた。

　しかし、いざ実践の段階になると十分に一人一人の子どもたちへ教師の視線が注がれていたとはいえない状況があった。そのような状況の中で、個別の指導計画を作成することは、具体的に子どものどこに注意を払い、どのように関わるかを指導計画の段階で明らかにすることになり、一人一人の子どもたちを大切にする教育の実際的な展開につながることになるのである。

　わが国では、個別の指導計画や個別教育計画への取り組みは1990年代中頃から活発な様相を呈してきている。個別の指導計画と個別教育計画の違いやそ

序章　知的障害児の授業づくりをめぐって

の取り組みが活発な様相を呈してきたことへの論及はここでは行わないが，それらについての著書，論文は多数見られるようになってきている。

個別の指導計画の問題点

最近，個別の指導計画に関わって指摘される問題点の一つは，計画の作成が目的化されてしまうということである。すなわち，学校では，教師が一定の形式のもとに個別の指導計画を作成することに一生懸命になってしまい，それを実践に生かすところまでいっていないという問題である。

各章の特徴

本書では，子ども一人一人への教師のまなざし，個からの出発を明確にして授業づくりを考えている。

個別の指導計画と授業づくり

そこで，第1章では，授業づくりの視点から，個別の指導計画の作成をどのように行うと，よりよい授業実践に結びつくのかに論及している。

集団の授業の中で，子ども一人一人の短期目標の達成のためには，「学習内容の個別化と学習活動の集団化」が重要であり，そこにティーム・ティーチングの授業者たちの柔軟で創造的な発想と知恵の発揮のしどころがある。

教育課題と授業づくり

第2章では，子ども一人一人の教育課題の視点から授業づくりを考えていきたい。

いつ，どのように誰が，子どもの実態を把握し，授業をつくっていくのか。授業づくりでは，もっとも基本的な，重要な事柄である。「教育課題の設定も授業づくりもチームで」をキー・ワードにして，実態把握から教育課題の設定，そして授業実践へのプロセスを通して，いかに集団の取り組みの中で個へせまるかが記述されている。

学習指導案と授業づくり

第3章では，授業実践の中で「個への適切な対応」を行うための一つの方法としての学習指導案の作成に注目している。

学習指導案は，授業研究会では必ず提示されるが，日常の授業づくりでは，時間的な制約などもあり，必ずしも作成されてはいない。むしろ，教師の頭の中で作成されていることがほとんどである。本章では，「個への適切な対応」のための指導計画を明示した学習指導案の作成方法を明らかにしている。

授業内容と授業展開

第4章では，最近注目されているボランティア活動を授業内容として，実際に授業を進める時に重要な授業展開について論じている。

ここでは，個別の指導計画においてもキー・ワードである教育的ニーズと地域生活という二つの視点から授業内容（本文では，指導内容）としてのボランティア活動について論じた後，年間指導計画および単元計画を含めて論じ，大きな流れの中で1時間の授業について，授業展開を検討してある。

教材・教具と授業づくり

第5章では，子どもの一人一人の持ち味を生かす授業づくりを行うために，教材・教具に注目し，その考え方と実践例を示した。

個を大切にした授業づくりの大事さは，常に主張されるところであるが，実

際にどのように実践するか，授業づくりをするかは難しいものである。ここでは，個を大切にした授業づくりを教材・教具の視点から論じ，子どもの「持ち味」に注目して，教材・教具を工夫した実践例を示している。

授業記録と授業づくり

第6章では，よりよい授業をつくるための授業記録のとり方について報告している。

実践された授業から，次のよりよい授業をつくりだすためには，授業のやりっぱなしではなく，授業の検討（反省）が必要である。そのためには，授業を記録することが必要である。ここでは，授業記録用紙を用いての記録から次への授業づくりが検討されている。

授業づくりと研究授業

第7章では，学習指導案の読み合わせと授業批評による授業研究について研究会の実践を交えて報告する。

よりよい授業をつくるためには，日々の授業の検討がもっとも重要ではあるが，時に行われる研究授業で教師の力量を高めていくこともまた重要である。

授業研究会では，ほとんど研究授業の参観が行われる。しかし，この参観者が，どのように授業を観ることができるかによって，この研究会での成果には大きな違いが出てくる。実りのある授業参観をするためには，学習指導案から参観のポイントを把んでいることが重要である。この点について，実際の研究会の例を示して述べている。

授業研究とＶＴＲ分析

第8章では，授業研究のためのＶＴＲ分析の有効な活用に関する実践を報告する。

ティーム・ティーチングの授業者間で，あるいは学部や学校単位での研究会でビデオを使用して，授業研究を行い，よりよい授業をつくろうとする試みが，多くの学校でなされている。しかし，研究会で研究授業を記録したビデオを流し，漠然と視聴していることも多い。ここでは，有効なＶＴＲ分析の方法と研究会での活用，その結果の授業への反映までを記述している。

ティーム・ティーチングによる授業づくり

第9章では，授業づくりにおけるティーム・ティーチングについて論じた。

養護学校の授業においてティーム・ティーチングではないのは，一対一での自立活動での指導や個別指導の場合だけであろう。子どもが集団の場合には，ほとんどが教師も集団で，ティーム・ティーチングを行っていると考えられる。しかし，授業前に十分な打ち合わせが為されたチームワークのとれたティーム・ティーチングにはなかなかお目にかかれない。そこで，ここでは，あらためてティーム・ティーチングによる授業づくりを取り上げ，基本的な考え方から実践例までを挙げた。

以上が，本書の極めておおまかな内容であり，特徴である。

序章　知的障害児の授業づくりをめぐって

4　授業づくりと授業研究

戦後の知的障害児教育に関する書物

　わが国の戦後の知的障害児教育に関して，「授業」という名称が入る書物は，そう多くはない。その中で比較的早い時期の書物に小宮山倭氏の責任編集になる『精薄教育の授業研究』（日本文化科学社，1967年）がある。これは小宮山氏が，同僚たちと「数年来，校内研究と称して，中学部・高等部が順番に，ある学級が研究授業をし，これを一同で参観して，それについての討論・批判・反省をしあうという研究会をくりかえしてきた」結果のまとめである。

小宮山氏の意図

　ここで，小宮山氏は，「われわれの意図は，いわゆる"教科主義"をとることではなく，どこまでもこれらの子どもに最適な教育方法を発見することであり，最も効果的な計画や方法を見いだすことである」と記している。これは，知的障害児の教育が生活主義の教育が中心と考えられてきた中で，教科主義というレッテルを貼られてしまうことへの危惧があったからである。それ以上に，そう見られてしまって，「最適な教育方法の発見」への努力が顧みられないことへの危惧があったと思われる。

授業研究の必要性

　小宮山氏が「われわれの意図」として述べているのは，「最も効果的な計画や方法を見いだすこと」は，よりよい授業をつくっていくためには極めて重要なことであり，そのためには授業研究が必要なのである，ということなのである。このことは，我々が，本書で「個別の指導計画」から「授業研究」までを授業づくりのプロセスとして記述する理由である。

本書各実践の価値

　特に，授業研究については，全国の多くの学校で，学習指導案の作成－授業参観－授業検討会というプロセスを経て行われている。また，歴史的にも明治10年代には，授業研究の方法が書物に取り上げられている。そして，最近では，記述による授業記録だけではなく，ビデオによる授業記録をもとにして授業研究が行われている。にもかかわらず，障害児教育においては，ここで取り上げた授業記録をどうするか，どう生かすか，ＶＴＲ分析をどう行うか，あるいは学習指導案から何を読み取り，どう参観するか，記録するかなどの「授業研究の方法」の研究が行われてきたわけではない。その意味でもここに取り上げている実践は価値があると編者は考えている。

　小宮山氏の指摘の中で，もう一つの重要なことを取り上げておきたい。それは，「粗雑な生活単元学習計画に安住することなく，生徒は何をどのようなときに，どのように経験し，それを定着し，力としていくかを，キメ細かく省みる必要がある。われわれが，あえて，授業の分析・反省を公にしてみたいと考えた理由である」という指摘である。この文章に先立って，「一言で，その

9

<table>
<tr><td>授業づくりを行うに際して</td><td>"総合的"単元の名に依存して，じゅうぶんな究明や分析や反省がなされていないところに原因がある」と書いている。これは，「総合的な学習の時間」についての指摘ではない。理想にほど遠い生活単元学習についての記述である。
　我々が，授業づくりを行っていく時，子どもたちは「何をどのようなときに，どのように経験し，それを定着し，力としていくかを，キメ細かく」とらえていくことができなければならないだろう。最初はこのようにできなくても，教師はこのようにしようとする意志をもっていく必要がある。その意味で重要な指摘である。そのようなきめ細かな教師の目が生きているのが，本書での授業実践であると，編者は考えている。しかし，スペースの都合で十分記述されていないのは編者の責任である。</td></tr>
</table>

5　個への配慮

<table>
<tr><td></td><td>宮本茂雄氏は，自身が「障害児教育ではおそらく初めての『授業』という名の」本と書いている著書『授業』（学苑社，1983年）において，「『個への適切な配慮』は，まさに『言うは易く，行うは難し』なのである。しかしながら専門家としての教師は，これを行わなければ専門家として成り立たない」といった。</td></tr>
<tr><td>授業づくりのプロセスにおける工夫</td><td>個別の指導計画の作成は，「個への適切な配慮」を具体的な形にする可能性を高くする。しかし，それは，「個への適切な配慮」の具体的な形の一つにしか過ぎない。どのような形をとるにしても，その具体的な「個への適切な配慮」の実現は，授業を行うことによってしか実現しないのである。そのためには，授業づくりのプロセスにおいて，計画，実践，反省など，それぞれにおいて工夫が必要である。そして，何といっても1時間1時間の授業をどのように組み立て，実践するか。すべて，そこにかかっているのである。
　その意味では，宮本氏が，『授業』と題した著書に込めた意図，すなわち「わが国の実践家にも研究者にも，授業について，いっそうの工夫と研究を協力して行なうことを期待するからである」と書いた，その意図を実現することである。
　本書は，実践家と研究者の授業づくりについての工夫と研究の一つの試みと見ていただければ，幸いである。</td></tr>
</table>

6　教師の個性と学校の特色

<table>
<tr><td>複数の視点</td><td>本書は，授業づくりという視点では，一つのまとまりを持っている。しかし，複数の執筆者がいるということは，複数の視点があるという意味でもある。</td></tr>
</table>

序章　知的障害児の授業づくりをめぐって

　編者と執筆者の各先生方とは，授業参観，討議などでの直接的なかかわり，あるいは論文や著書を通しての間接的なかかわりがある。各先生方の参加される研究会への編者の参加の回数などは，程度の違いがある。編者は，各先生方の授業づくり，授業研究それぞれに関心を持ち，それぞれの実践から多くのことを学んできた。また，編者は，各先生方との間で相互に影響を受け合ってきたと考えている。その意味では，授業づくり，授業研究に共通した視点を持っている。

異なった教育観

　しかし，編者も各執筆者もそれぞれに異なった個性（教育観）を持っている。それが実践にも，各章の文章にも発揮されている。だから，各章はそれぞれに独立しているということもできる。各章には，基本的な考えと実践が記されているので，読者にとっては，どのような考え方がどのような実践として展開されているのかをも読みとっていただくことも大事なことである。

学校の特色の現れ

　また，今回の盲学校，聾学校および養護学校学習指導要領（平成11年3月）では，教育活動において学校の特色を出すことがうたわれている。このことは各学校の特色が発揮された教育活動が求められているわけである。ここで各執筆者に提供いただいている実践例は，当然のことながら，各執筆者が勤務する，あるいはしていた学校の特色が表れたものでもある。その点では，読者の方々の学校の特色と重ねながら，お読みいただければ，幸いである。

　そして，読者の方々には，ここでの報告をそれぞれの立場から読んでいただき，それぞれの授業実践に有益な事柄を参考にしていただくことを期待している。

第1章
個別の指導計画と授業づくり

1　基本的な考え方

主人公は子ども

　個別の指導計画を作成していこうとする時，学校現場ではまずどこから手をつけようと考えるだろうか。ややもすれば，とりあえず書き込むものをつくらなければならないと，記入様式や実務上の手続きをどうするかにとらわれてしまう。最初に気をつけておきたいことは「仏つくって魂入れず」ということになってしまってはならないということである。大切なことは枠組みをつくることではない。個別の指導計画というのは，子ども一人一人が，現在から将来にわたってその子らしく社会参加・自立することを目指して，個々のニーズに応じた学習活動を展開するための一つの教育計画である。一人一人の子どもの声に耳を傾け，その声に応えようとする意識を指導に関わる一人一人が持つことからすべてが始まる。この章では，京都市立東養護学校（中学部）での研究と実践をもとに，個別の指導計画の基本的な考え方から，具体的な作成の方法，そして個別の指導計画をもとにした授業づくりについて紹介する。

　個別の指導計画を考える時に忘れてならないのは，まず第一に「本人の願いに立つ」という発想を持つことである。願いとは，簡潔にいえば自分がしたいことができることである。もちろん好き放題という意味ではない。自らが人生の創造者として，自分自身の充実感と存在感を持った生活を送ることである。障害が重い子どもの場合も願いを必ず持っている。その願いを私たちがうまく聞きとることが難しいだけなのである。その時本人の願いを代弁しうるのが保護者であろう。もちろん，本人の願いと保護者の願いは決して同じものではない。子どもがしたいと思っていることに，保護者自身がそれでいいのかと迷っている場合もある。しかし，人生の直接的支援者であり，常に寄り添う関係にある保護者の願いに耳を傾けることで，子どもの願いが伝わってくることが必ずある。

学校の立場

　学校は，あくまでも学齢期における助言者としての立場にある。本人，保護者の願いを汲みながら，より長期的な視点を持って子どもの育ちを予測し，必要な学習の内容と方法を提示できることが求められる。この時学校は，世の中

第1章　個別の指導計画と授業づくり

（社会）の障害のある人たちに対する動きについて見据えておく必要がある。今の社会は，国際的な潮流の中でノーマライゼーションを志向するようになってきた。普通の生活リズムや生活年齢相応の機会，自己選択や自己決定の権利を大切にしつつ，できるだけ制約の少ない生活を目指そうとしているのである。個別の指導計画を考える時にも，子どもを発達的な軸で見るだけでなく，その年齢における子どもをとりまく社会との関連性を大切にする必要がある。健常者ならその年頃には，住んでいる地域でどういう生活をしているのか，学校ではどういう生活をしているのかを，たえず念頭に置くということである。そして，そのために身につけてほしいこと，経験してほしいことを個別の指導計画の中で用意していきたいのである。

学齢に応じた指導の観点

　学齢期における生活年齢の意味についてもふれておこう。学齢期といっても12年間の幅がある。小学部は幼児期からの流れにあり，高等部は成人へとつながっていることだけをとってみても，子どもをとりまく状況は変わっているといえる。小学部の時期は，子どもの発達課題に比重をおいて一人一人の育ちを見守る必要があろう。とりわけ発達に遅れのある子どもの場合，ものや人と関わる活動の中で活動が目的を帯びたものになってきたり，集団の中での自分というものを意識するようになっていく。高等部の時期は，トップダウンの観点で卒業後の生活を想定した学習に取り組みたい。トップダウンの観点とは，同年齢の健常者が従事している活動（近い将来を含めて）に注目し，それを教育計画の中に取り込み，段階的に詳細化（スモールステップ）しながら具体的に目標を作成するやり方である。中学部は移行の時期である。子どもの心身の大きな変わり目であることを踏まえ，徐々にトップダウンの観点を取り込んだ学習を進めていくことになる。このことは子どもへの支援の内容や方法にも関わってくる。小学部の時期は，基本的な生活スキルを身につけたり，自分からものごとに向かおうとする気持ちを伸ばすための支援をしたい。高等部の時期は必要な支援を受け入れながら，それまでにつけた力をうまく発揮することを大切にしたい。言い換えれば「子どもとして伸びるための支援」と「大人として立つための支援」の違いといってよい。

　個別の指導計画を作成するにあたって，これらのことをいつも意識しておきたい。特に学校側が自らの立場をしっかりと認識しておくことが必要である。本来は，子どもと保護者と学校が対等に意見を交換していくことが大切であるが，現在は個別の指導計画の導入期ということで，当面は学校が音頭をとって進めていくことになるからである。

2 具体的なやり方

(1) 実態把握と情報収集

今までは、生育歴、発達のプロフィール、障害の状況など、まず発達軸で子どもをとらえようとしがちであった。そのような情報が個別の指導計画を作成する時に必要になることも多い。しかし、発達や障害に関する観点は子どもの一側面をとらえているに過ぎない。個別の指導計画の作成にあたっては、発達軸とは違った側面からのアプローチが欠かせない。基本的な考え方で述べてきたが、子どもの育ちと社会との関連性についての情報にも着目する必要がある。

本人の願い　前節でも述べたが、そのために必要な情報の筆頭は「本人の願い」がどうあるのかということである。子ども自身が自分の将来の生活をイメージして、こんな仕事がしたい、こんな余暇活動を続けたいと具体的に伝えてくれる場合もある。そうでない場合にも、その子どもの自信があることは何なのか、好きなことは何なのか、快く活動できることは何なのかを考えてみるとよい。そうすることで、その子どもの望む生活のあり方を予測できるのではないだろうか。大切なことは、予測したことを必ず記録することである。そして、そう予測したのは誰であるか、理由は何なのかを書き添えておく。そうして初めて、必要な情報としての客観性を帯びてくる。

保護者の願い　「保護者の願い」がどうあるのか、ということについても整理しておこう。こんな人になってほしい、と将来像として語られる場合もある。しかし実際には、今の生活の中で早い時期にできるようになってほしいこと、早い時期にやめてほしいことが挙がってくることが多い。例えば「ひらがなを書けるようになってほしい」という願いがあるとしよう。なぜなのかを保護者と話し込んでいくことである。今の時期、本人にとって本当に必要なことかどうか、明らかになってくることがある。もちろん保護者の願いも必ず記録しておくようにする。

本人や保護者の願いを記録していく時、子どもにとってポジティブなものとネガティブなものに整理できる場合がある。ポジティブなものとは、取り組みの中でできるようになったこと、もう少し取り組みを継続したいこと、あわせて学習の中で明らかになった有効な手助けや教え方などである。ネガティブなものとは、特に苦手とすることや嫌がること、今まで身についていない技能、あわせて問題行動を誘発するような状況である。これらは、指導の方法を考える時に重要なてびきになる。

資料　子どもの家庭生活や地域生活の様子に関する資料をそろえてみるのもよいだ

ろう。東養護学校中学部では，安田生命社会事業団編『個別教育計画の理念と実践』から，家庭における「生活地図」「生活スケジュール」を活用している。ただし，資料の持ち腐れや消化不良にならないように注意しながら，個別の指導計画にどう生かせるかを考えて情報収集に臨みたいものである。

(2) 課題の分析・精選から個別の指導目標の設定

年齢相応の経験

収集した情報を整理し，課題を取り上げ，一人一人指導目標を設定していくために話し合いを持つことになる。この時，指導に直接関わる教員が一堂に会するようにする。そして，本人や保護者の願いを十分に汲むと共に，ノーマライゼーションの視点をフィルターにして分析，精選していくことになる。例えば，高等部の生徒に対して，いくら童謡が好きであっても「童謡をたくさん覚えてほしい」ということを目標にするのはどうであろう。また，小学部の生徒に対して，作業的な活動が好きであっても「働くことの意味がわかる」ということをねらうのも時期尚早であるかもしれない。年齢相応の経験であるかどうか考えながら，身につけてほしいこと，育ててほしいことを絞り込んでいくことが必要なのである。

年間目標

情報を集約していくと，すぐに達成できそうなことから成人するまでに達成しておいてほしい願いまで，様々な課題が挙がってくることがわかる。長期にわたる課題の場合，学齢前期からその子どもの目指す成人像を見据えること，どのようにステップを踏んでいくかを考えることはかなり難しい。そこで提案であるが，とりあえず3年後をめどにして，こうなっていてほしいという姿を青写真にしてみてはどうだろうか。3年後というのは心身の変化にだいたいの予測がつく。特に中学部での3年間は体格や性的に大きな変化がある。身長が伸びて視点が高くなり，例えば今まで持てなかった重いものが持てるようになる。次に，3年後の目指す姿を脳裏に浮かべながら，この1年間のうちにぜひ身につけておきたいことを挙げるのである。これを個別の年間目標とする。年間目標はできるだけ具体的に示すことが必要であるが，子どもの変容を見守りながら修正していくこともある。

東養護学校中学部では担任，学年主任，作業学習専任，自立活動専任等の学年指導チームによる年度末ケース担当者会で，次の年度のいくつかの重点目標を挙げる。それを学級担任と保護者による年度末のケース会議（個別懇談会）で提示して説明と確認をする方法をとることにした。本来ならば保護者もはじめから参加することが望ましいのであるが，時間的な制約上やむを得ないこと，複数の教員の中で保護者を心理的に圧迫しないようにとの配慮からである。

短期目標

年間目標をもとにして，それをスモールステップに分けていくことで短期目標を挙げることができる。いよいよ授業実践に直接つながっていく指導計画の

作成に入ることになる。短期目標には，数週間から数カ月くらいの期間で必ず達成できる子どもの姿を挙げる。東養護学校中学部においては学期目標として設定している。短期目標はより具体的な子どもの行動の様子として示すことになる。例えば「集中して作業をする」ではなく「手元を見ながら道具を使う」のように，子どもの活動が目に見えるような表現をしたい。

短期目標を設定する時にも，ケース担当者による話し合いを持つことが必要になる。東養護学校中学部では各学期末に設定し，それを学期末ケース会議（個別懇談会）で保護者に伝えていくように考えている。あわせて，どのような学習内容を用意するのか，どのように学習を進めていくのかについても，子どもの短期目標をもとに相談しておくこともある。

ここまでの流れを図示してみよう（表1-1）。次年度の目標設定が前年度の3学期から始まっていることにお気づきいただけると思う。保護者の参加については，現時点での無理のない範囲での取り組みであり，今後さらに膝をつめた話し合いに発展していくことを期待している。これらの話し合いの中で使っている記録用紙については，次節の指導例の中で紹介する。

表1-1 中学部・個別の指導計画策定の流れ

※ 学主（学年主任），作（作業学習専任），自（自立活動専任）の略

時期		ケース担当者会 家庭訪問 懇談会 等		親の参加の仕方
		（会議）	（内容）	
3学期	1月下旬	・ケース担当者会議 　担任，学主，作，自	・今年度の評価 ・次年度の目標の設定	←・生活地図等の追記 　（・調査書等の記入）
	2月	・「個別計画」作成 　担任…個別様式	・次年度の目標の文書化	
	3月	・ケース会議［懇談］ 　担任，学主＋α	・今年度の評価の提示 ・次年度の目標の提示，相談 　（作業学習の種目の相談）	→・評価の確認 ⇔・目標の相談，確認 　作業種目の相談
1学期	4月	・ケース担当者会議 　担任，学主，作，自	・今年度の目標の確認 ・1学期の目標の仮設定	
	5月	・家庭訪問 　担任	・今年度の目標の確認 ・1学期の目標の提示，相談	⇔・目標の確認 ⇔・目標の相談，確認
	6月下旬	・ケース担当者会議 　担任，学主，作，自 　※可能なら書面会議	・1学期の評価 ・2学期の目標の仮設定	
	7月	・ケース会議［懇談］ 　担任，学主＋α	・1学期の評価の提示 ・2学期の目標の提示，相談	→・評価の確認 ⇔・目標の相談，確認
	8月	（・家庭訪問）	・目標の追相談	⇔・目標の追相談
2学期	9月	（・ケース担当者会議）	・追相談のケースについて 　今年度の目標の修正 　2学期の目標の修正	
	10月 11月下旬	・ケース担当者会議 　担任，学主，作，自 　※可能なら書面会議	・2学期の評価 ・3学期の目標の仮設定	
	12月	・ケース会議［懇談］ 　担任，学主＋α	・2学期の評価の提示 ・3学期の目標の提示，相談 　（≒追目標に近いもの）	→・評価の確認 ⇔・目標の相談，確認

(3) 授業の計画－展開

さて，個別の短期目標が出そろったところで，それらをもとに題材の選択や単元の構成を試みることにしよう。このことは学習活動の集団化の過程でもある。「なぜ集団化なのか？」と思われるむきがあるかもしれないが，あえて明言しておきたい。個別の指導計画とは，個別指導をするための計画では決してない。学習活動そのものは，子どもが必要とする集団の中で人と関わりながら進めてこそより社会的な意味を帯びたものになる。

> 学習活動の
> 集団化

さて，題材の選択や単元の構成についてはいくつかの押さえておきたい視点がある。ここでは以下の三つの視点を考えてみることにする。
- 生活年齢相応の経験の機会となりうる題材の選定
- 個別の短期目標を包含できる多様な活動の用意
- 単元の展開の仕方と規模（実施期間）の検討

> 社会参加の
> 機会

まず，「生活年齢相応の経験の機会となりうる題材の選定」であるが，これは，学習活動そのものが子どもたちにとって一つの社会参加の機会であってほしいという願いを強く含んでいる。学習とは決して将来に向けての準備というだけのものではない。小学部では小学生としての，高等部では高校生としての普通の生活の機会を持つことが，障害のある児童生徒にとってどれだけ難しく，またどれだけ必要であるかを考えてみてほしい。むろん小学校や高等学校の学習内容をそのまま適用するということではない。例えば，小学生ならば，お小遣いを握りしめてわくわくしながらコンビニにおやつを買いに行くことがあろう。中学生ならば，友達とちょっと遠くへ出かけたり，近所の人と一緒に地域活動に参加することがあろう。高校生になると，アルバイトをしたり，自然環境や社会情勢に関心を持つこともあろう。これらのことをそれぞれに合った方法で経験することが必要なのである。学校の外に目を向けてみよう。商店街がある。田畑がある。老若男女いろいろな人がいる。生活年齢相応の経験の機会になり得る題材がたくさん見つかりそうだ。

> 短期目標の
> 編み込み

ここで忘れてはならないことがある。それは子ども一人一人の短期目標をいかにして達成に向けるかということである。つまりそれらを達成しうる題材を吟味しなければならないのである。題材がいかに興味深いものであっても，よかれと思って題材に子どもを当てはめてしまっては本末転倒になりかねない。簡単に図示してみよう。A，B，C，Dの4人の子どもがいるとすれば，短期目標はそれぞれ違うはずである。それらの短期目標を含み込めるような題材を選び，単元として編んでいくのである。このことは学習内容の個別化と学習活動の集団化を両立させる過程であり，柔軟で創造的な発想が必要になる。ここにこそ指導チームの知恵を結集しなければならない。このことが2点目の「個別

単元化の過程

の短期目標を包含できる多様な活動の用意」である。

単元化の過程として、「単元の展開の仕方と規模（実施期間）の検討」がある。これは、子ども自身にとってわかりやすく、身につきやすい方法を選ぶということである。起承転結のストーリーで組み立てるのか、繰り返しの活動を中心にするのかなど、その子どもの物事のとらえ方を踏まえて活動を進めるようにしたい。子どもが自ら気づき、めあてを持って活動することは、まさに社会参加そのものなのである。

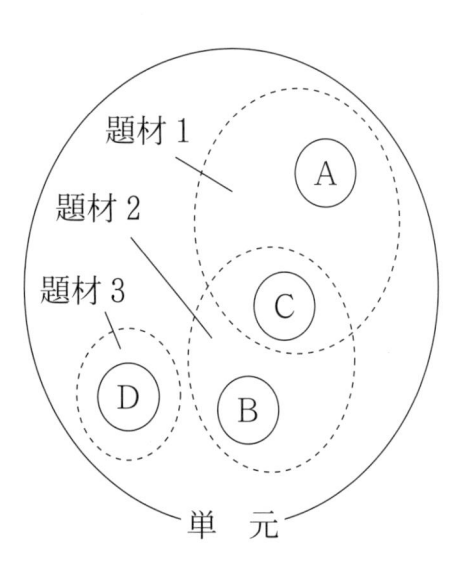

単元の構成が固まってきたら、改めて子ども一人一人の学習活動の流れがどうなっているかについて確かめてみよう。その子どもにとってスムーズな連続性を持っていればよい。ただ、日々の学習の中でいつもそううまくいくものではない。活動が断続的になってしまったり、待っている時間が多くなってしまうこともあろう。学習内容の個別化と学習活動の集団化を両立させることの難しさを感じるところである。一つの単元の中においても、活動するグループの規模を柔軟に調整することも一つの方法である。

東養護学校中学部では、領域・教科を合わせた指導（生活単元学習、作業学習）を教育課程の柱にしている。子どもたちが学習したことそのものが生活に結びついていくことを意図しているからである。学校によって教育課程は様々である。子どもが学習したことをどのように自分の中で統合し、生活化に向けているのかを、子どもの目線に立って確かめておきたい。

(4) 短期目標の評価−次の短期目標へ

評価の視点

評価については、次の短期目標の設定、長期目標の修正に欠かせないものである。もちろん、時間ごとの評価、単元を終えた後の評価を重ねることが望ましいのであるが、時間的な制約があることは否めない。メモ程度のものでもよいから簡単に記録しておけばそれでよい。続けることこそが大切である。

学期ごとの評価については、指導にあたる教員が集まってひざを詰めて取り組みたい。評価の方法として、子どもが課題を達成したかどうかを○×で表してみるのもよい。○×で明快に評価できたということは、目標の設定が具体的にできていたということであろう。さらに、○ならばそれでよしというだけでなく、なぜうまくいったかを考えることができる。もし×ならば、なぜうまく

いかなかったかを考える機会になる。子どもがうまくできるための手だてを検証することにこそ本当の意味がある。ポジティブデータ，ネガティブデータを蓄積していくと，より適切な子どもへのアプローチの仕方が見えてくる。

表1-1を再度参照していただきたい。東養護学校中学部では，評価と次学期の目標の仮設定を同時に進めるようにしている。そうすることで，学習活動を子ども自身にとって途切れのない連続性を持ったものにすることができる。

3 指導例

今まで，個別の指導計画の作成から授業までの基本的な流れを，その観点と共に説明してきた。次に，実際の指導事例を挙げて，特に学期目標の設定から，実際の授業づくりについて紹介してみることにする。

ここでは，中学部3年になったA君に登場していただこう。A君は表情の変化があまり見られず，自分から行動を起こすことも少ない。手助けをしてもらうことにすっかり慣れてしまっているようでもあった。姿勢は，いつも腰が落ちていて背筋が丸まっており，腕を伸ばしたり上げたりすることもなくいつも肘をついている。食事の時に食器を持ち続けていることが難しく，置いたままの食器からスプーンですくって食べようとするがこぼれてしまうので，左手でつかんで口へ運んでいた。また，道具を使って何かをしようという場面になった時うまくいかないことが多かった。1年生で取り組んだペンキ塗りでは，A君は刷毛をわずかの間も持ってくれなかった。A君は，自分の手を使う機会がかなり少なかったようである。

中学部での2年間のうちに，A君は少しずつできることを増やしてきている。茶碗を持って食事できるようになり，着替えの時は自分でズボンやシャツを脱ぎ始めるようにもなった。とりわけ，作業学習でのA君の様子は見違えるようであった。土の入ったバケツを持って決まったコースを1人で運ぶことができるようになった。

A君のケース担当者会　2年生の学期末，A君の成長を踏まえながら3年生での重点目標をケース担当者会で絞り込み，日常生活の指導，生活単元学習，作業学習などの指導形態における1学期の目標を挙げていった。それらを記入したものが（表1-2）である。A君を中心に各指導形態が連携していることがわかっていただけるであろうか。そして，1学期末には次の記録用紙（表1-3）を重ねて，1学期の評価と2学期の目標の検討を進めていった。

表1-2　中学部3年A君　1学期　個別の指導目標

今年度の重点目標
・人にたよらず，できることは自分でする
・「場所」と「動作」のつながり…「ここへ行ったらすぐこれができる」
・姿勢に関して，背筋を伸ばすことができる

	今年度に目指すこと（年度目標）	1学期に特に目指すこと（短期目標）	評価
日常生活の指導	・要求や気持ちを指導者に伝えようとする。特にトイレの告知を確実にしたい ・日常的に**自力で**できることを増やす 　牛乳の運搬，配膳 ◄---- 　靴の着脱 　ズボンやシャツの着脱 　健康観察のカードを届ける ・背筋を伸ばして食事ができる	・トイレに行きたい時に先生の腕を引く ・ズボンは最後まで脱ぐ，足に入れたズボンを自分ではく ・シャツを手を上げて脱ごうとする ・食べている時は，背筋を伸ばしている ・指導者のたたいたお盆（1～3列目まで）に牛乳を配る ・健康観察カードを持って，1人で保健室に行く	△ ○ △ ○ ○ △
		・トイレはぎりぎりまで伝えようとしないので，小便は間に合わない。尿意に関する根本的な問題であり，手だてが見つからないのが現実。 ・シャツを脱ぐ時，腕が腰から頭上まで上がらない。抽出養訓と連携しつつ，指導者の援助の仕方を工夫することが必要であろう。 ・配膳は「お盆をたたく」ということが，かぎになった。作業学習の項目とも関連するが，聴覚刺激が手がかりになるのかもしれない。	
生活単元学習	・道具や物をしっかり保持し続ける ◄---- ・活動の幅を広げ，**自分1人で**できることを増やす ・今まで経験のない活動についても，先生や友達と一緒に向かう	1学期に特に目指すこと（短期目標） ・手持ちの道具に少しでも自ら関わろうとする 　硬貨をつまんで，券売機に入れようとする 　木づちを持って，ナッツ，クッキー生地を叩く ・活動に対し，少しでも興味をもって取り組む 　対象になる物を見ながら活動する 　自分で活動を続けようとする。	評価 ○ ○ △ △
		・「つまむ」「持つ」ということは機能的な問題ではなく，以前から食に関すること（スプーンですくう，あられをつまんで食べる）こと，好きなパンフレットや絵本を取って持っていることはできていた。つまり，興味・関心に強く左右されているようだ。最近になって，金づちを持ってたたいたり，一輪車を保持し続ける場面が見られるようになってきた。一つには，音の出るものへの関心があるようにも見受けられる	
作業学習	今年度に目指すこと（年度目標） ・自分のすることがわかり，**自分から**行動しようとする ・いつでも一定のペースで活動を続ける ○一連の手順の中で「ここの場所ではこれをする」というような判断ができる	1学期に特に目指すこと（短期目標） 腐葉土づくり班「土運び」にて ・空になったバケツを持って戻った後，即座に自分で重ねて置こうとする （・人の動きにつられなくなってほしい）	評価 △ ×
		・スコップで重ねるバケツを「カンカン」とたたいて音を出すと重ねることができる。視覚刺激（指さしなど）よりも，聴覚刺激によって注意が向く傾向が見られるようだ。ただ，音を手がかりにしながら，「見て→する」ことの芽をくすぐっていくことは，今後も必要であると考える	
※養護・訓練	今年度に目指すこと（年度目標） ・姿勢の保持　上体を伸ばす ・筋力の向上　上腕を上げる 　⇔　食事姿勢・動作の改善 　　道具を使う時の手さばき，身のこなし	1学期に目指すこと（短期目標） ・（姿勢の保持　上体を伸ばす）あぐら座がとれ，そのまま保持できる	評価 △
		・ズボンが窮屈だったので，あぐら座が取りにくかったのかもしれない ・2学期以降は，（筋力の向上　上腕を上げる）こともプログラムに入れる。～「物を持って，胸の高さの棚に置く」ことなど	

※ 新指導要領への移行前の取組であるので，「養護・訓練」という用語を使っている

第1章　個別の指導計画と授業づくり

表1-3　中学部3年A君　2学期　個別の指導目標

今年度の重点目標（修正事項） 背筋を伸ばす→背筋を伸ばす,上腕を上げる機会を多くし筋力をつける				
	日常生活の指導	1学期からの ポジティブデータ ・ズボンの着脱がかなりできてきた ・背筋を伸ばして食べられるようになってきた ・お盆を叩く音に反応して，そこに牛乳を置いていける ネガティブデータ ・ぎりぎりまで尿意を伝えない ・シャツを脱ぐ時腕が上がらない ・保健室へ1人で行くことができず，指導者の先導が必要	2学期に特に目指すこと（短期目標） ①Tシャツを自分で脱ぐことができる ②先導がなくても，保健室まで歩いていける ③ズボンの着脱，食事姿勢，牛乳配りが，よりスムーズにできる	評価
	生活単元学習	1学期からの ポジティブデータ ・硬貨をつまみ，自分で券売機に入れようとした ・木づちや金づちを自分の意志で動かして，釘やナッツをたたいた ネガティブデータ ・対象物をなかなか見られない ・特に興味のあることを除くと，継続して活動することが難しい 　→興味の対象の限定	2学期に特に目指すこと（短期目標） ①関心のあることへの自主的なかかわりを広げる ②道具を使い（関わり）続けることができる 　～「手打ちうどんをつくろう」 　　麺棒を自分で動かそうとする 　　切ったうどんを見ながらほぐす（触る） 　「ミルクでバターをつくろう」 　　シェーカー（カップ）を持ち続ける	評価
	作業学習	1学期からの ポジティブデータ ・指差しなどの視覚刺激よりも，音で示す方が注意が向く傾向が見られる ネガティブデータ ・人の動きにつられることは現時点では回避できない 　→逆に，利用する方向へ	2学期に特に目指すこと（短期目標） ①運んだ土を，目的の場所（決まった場所に置いたコンテナ）に，バケツを返して入れる ②空になったバケツを持って戻った後，即座に自分で重ねて置く（1学期からの継続目標）	評価
	養護・訓練	1学期からの ポジティブデータ ・あぐら座がとれ，保持する時間が少しずつ長くなってきた ネガティブデータ ・特になし	2学期に特に目指すこと（短期目標） ①あぐら座で背そらせができる ②大型積木を持って，棚の上に置ける	評価

21

作業学習で目指すこと

次に授業づくりの実際について，作業学習「腐葉土づくり班」でのA君の活動を中心に紹介しよう。

東養護学校中学部では作業学習を，小学部での学習で培ったことを社会的な意味を帯びた活動に質的に転換するための一つの方策として考えている。働くことを学ぶというよりも，役割（分担）があるということを自分自身で初めて試してみる機会といった方が適切かもしれない。そのために，作業学習には種目とそれを構成する工程があってそこから活動を選ぶものだ，という発想をやめている。種目自体を生徒の出しうる力に合わせて設定しようとしているのである。「腐葉土づくり」班は「歩く，握る，すくう」などの緻密な巧緻性を必要としない活動を中心にして，生徒の発達の状況に幅広く応じつつ，誰もが役割を担う中でできるという実感が得られることを第一にした。その生徒のできうる活動を用意し，毎日の活動を構造化してわかりやすい世界をつくる中で，子どもの活動を他律から自律へ向けようと心がけてきた。

個々の目標の確認

A君は，昨年度から採取した元土（落ち葉や石の混じった天然の腐葉土）をバケツで運ぶ活動に取り組んできた。そして，指導者が側につかなくても決まったコースを運んでいけるようになった。しかし，その活動は習慣的に身についたものであり，まだ主体的な意図を持ったものではなかったように思う。今年度は，「ここの場所ではこれをする」という判断を自分ですることに重点を置いている。この気づきを通して，活動が主体的なものに活性化することを願っている。

・活動の計画

	4月	5月	6月	7月	9月	10月	11月	12月	1月	2月	3月
班の目標	・1日の活動の流れを知る ・今年度の作業学習での自分の作業分担を決める		・指導者の助言のもとに活動する ・今年度の自分の作業分担に慣れ，自分で始めようとできる			・自分1人ででも活動を続ける ・活動量を上げる （・気づく，工夫する，解決する）			・自分の分担に意欲を持って向かう （・やり遂げる，充実した気持ち）		
A君の目標	1学期　達成目標 ・空になったバケツを持って戻った後，即座に自分で重ねて置こうとする ・人の動きにつられなくなってほしい				2学期　達成目標 ・空になったバケツを持って戻った後，即座に自分で重ねて置こうとする（継続） ・運んだ土を，目的の場所（決まった場所に置いたコンテナ）に，バケツを返して入れる				3学期　達成目標（仮） ・一連の活動を，自分1人で進めることができる ・快活に活動できる 　立ち止まらず 　振り返らず 　対象物を見ながら		

・A君の目指す姿（2学期）

バケツを重ねておいた後，次のバケツに手を伸ばして持つことはできてきてい

る。前の動作が次の動作を呼びおこす手がかりになっているからであろう。運んでいったあとの動作についても自分で呼びおこしてほしい。運んで歩いている時は少しぼんやりしていても、コンテナが見えたら「ここに入れるんだ」と気づく、そして実行する。空バケツを持って戻ったら「ここに置くんだ」と気づく、そして実行する。このような姿を目指してほしい。

授業の組み立て

・作業分担の組立

生徒の活動（工程分担）	A君の活動への手だて
①土掘り（生徒❶.❷） ・学習林の貯土槽の元土をシャベルで掘ってバケツに入れる ・土を入れたバケツを台の上に並べる ②土運び（生徒❸.❹.❺. A君） ・元土の入ったバケツを持ってふるい場まで運んでいってコンテナに空ける ・空になったバケツを持って土掘り場まで返しに行く 焦点化生徒　A君の活動 　(1)元土の入ったバケツを持つ 　(2)一方循環のコースを歩いて運ぶ 　(3)腕を差し出してバケツを持ち上げて、元土を腰の高さのコンテナに空ける 　(4)コースを歩いて戻る 　(5)空のバケツを、バケツ置き場に重ねて置く 　　※以上の活動を、繰り返して続ける 　　　とりわけ(3), (5)の活動を重視する ③ふるい（生徒❻.❼） ・シャベルなどで元土をふるいに入れて、両手で力強くふるう ・ふるいに残った石や葉っぱをコンテナに分けて空ける ・ふるいにかけた土をスコップで土のう袋に入れる ④運びおろし（生徒❽） ・腐葉土の入った土のう袋を一輪車に乗せて農園の腐葉土置き場まで運ぶ	(1) 基本的には自分でできているが、もし滞るようであれば持つバケツをたたいて、聴覚的に注意を喚起する (2) コースの途中で立ち止まることが最近目立っているので、指導者が共にコースを歩いてペースをつくる (3) A君の歩くコースの正面に見えやすい高さのコンテナを設置する。また、コンテナに目をやっているかどうかを必ず確認する 腕を差し出すことについては指導者が支えてでも腕が上がる感じを体感できるようにする (4) 下り斜面の面で立ち止まることがあるので、軽く肩を押して歩きだすきっかけをつくる (5) 最近、ようやく自分でする様子が見られるようになった。もし滞るようであれば置いてあるバケツをたたいて、注意を喚起する

個々の評価

・A君の評価（2学期）

　バケツを持って戻った後、指導者がきっかけをつくらなくても即座に自分で重ねて置くようになってきた。目標を立ててから半年以上の取り組みを経ての成果である。また、土を入れるコンテナをまっすぐ見ながら、バケツを持ち上げる動作に移ることもできてきた。漫然と動いているのでない、目的意識を持った作業活動への質的変化を感じる場面である。

第2章

教育課題と授業づくり
－教育課題の把握から授業づくりへ－

1　教育課題とは

(1) 《発達課題》と《教育課題》

発達課題とは

《発達課題》が，そのまま《教育課題》となるものではない。

《発達課題》とは，ヒトが人間として豊かに生きられるように，その発達の道筋に沿って，必要な力を，各領域（移動運動，対人関係，手指の操作，発語，言語理解など）別に科学的にとらえようとしたものである。すなわち誰もがその発達段階において，同じ課題を持つということで，その発達段階にあわせた"つけたい力"として，科学的・段階的に整理できるものである。

また，発達には，目に見えるタテの発達とヨコへの発達があるといわれている。この「ヨコへの発達」をも，しっかりとらえる必要がある。さらにこれらに加え「生活年齢」や「障害」「育った環境」などへの配慮も忘れてはならない。この過程を経て，初めて《発達課題》が《教育課題》として歩み出すことになる。

(2) 教育課題をとらえよう

教育課題とは

私たちは，「発達」に視点をあわせて，課題を立て，教育内容を考えるだけではいけない。「発達」という視点に加え，その子が育った環境，障害の状況や現時点での実態，さらに保護者の方の願いにも耳を傾けながら，卒業後をも見据えて課題を設定する必要がある。その上で，「特に今年度，最優先で重点的に"つけたい力"は何か」と考えたものが今年度の《教育課題》である。

すなわち，《教育課題》とは，今必要な力と，将来こんな力があれば今よりもっと豊かに生きられるだろうという長期的な展望に立って設定したものである。ちょっと乱暴な言い方かもしれないが，「《発達課題》の他に，もっと大切にしなければならないことを探り出そう，推し量ってみよう」ということではないだろうか。

(3) 一人一人の《教育課題》をより合わせた授業づくり

チーム

排泄，着替え，給食などの日常の生活指導は，個別の指導が中心になる。しかし，「授業」は基本的に「集団の取り組み」が前提になる。授業ごとに，そ

のつけたい力によって，必要な集団が編成される。この集団の中で，授業のねらいを達成しながら（教科としても一人一人につけたい力はもちろん違う），いかに一人一人の《教育課題》を盛り込んでいくかは，実に難しいところであるが，「授業づくり」の醍醐味でもある。

　一人一人の《教育課題》にアプローチするために，どんな教材を用意して，中心指導者がどう展開し，子どものすぐ側でサブ指導者がどう働きかけるか，これも大きな鍵になる。

　"《教育課題》の設定も「授業づくり」もチームで……"これがキー・ワードである。

2　教育課題が明らかになるまで

(1) 教育課題の設定は，こうありたい（大切にしている視点）

教育課題の設定

本校（奈良県立大淀養護学校）中学部では，発達的視点に加え，
○今まで培ってきた生活の力，俗にいう生活年齢の重み
○障害（自閉性障害，ダウン症候群など）の特徴
○育ってきた環境（周りの人たちの障害への理解，放課後の過ごし方，休日の過ごし方，家族構成，家族の一員としての役割など）
○中学生という年齢（思春期独特の心の揺れや身体の変化，生理，てんかんなど）独自の視点，また高等部への橋渡しの3年間（社会に一歩近づいた進路への準備）という点も重視（卒業後を見据えて）している。

　また近年，教育課程を編成する際には，「認知面への積極的なアプローチ」「一人一人にあったコミュニケーション手段の獲得」「健康なからだづくり」「学校の中だけでとどまるのではなく，社会施設・公共施設を利用すること」「生活の幅を広げるような取り組み」などが大事な柱として語られるようになってきている。

(2) 一人一人の的確な実態把握から教育課題の設定へ

① 学級編制のための実態把握

　本校は知的障害養護学校で，1997年度より，「一人ひとりに視点をあわせた教育課程づくり」を目指して，基礎集団（生活集団）を学年学級ではなく発達課題別学級とした。その中で毎年，頭を悩ませるのは，入学までの限られた機会で，新入生一人一人の実態を把握し，課題を見極めることの難しさである。

☐ 入学までの実態把握の手順　　　　　　　　　　　　　（2月上旬）

- 体験学習（1～2回）時→授業での観察（集団への参加，個別に認知面の把握）
　　　　　　　　　　　　　検査（大まかな認知の力………太田ステージ）
　　　　　　　　　　　　　　（社会生活能力の測定……S－M検査）
　　　　　　　　　　　　　　（日常生活のスキル………生活スキルチェックリスト）
- 1日入学（1回）　　→保護者との面談，保護者の願い，進路について
　　　　　　　　　　　授業での観察，担任との引き継ぎ

　※これらをもとに，グループ決定のための資料と学級編成のための資料とに情報を整理する。

☐ グループ決定　　（2月下旬頃）

　Aグループ……1歳半頃まで
　Bグループ……1歳半頃～3歳半頃まで
　Cグループ……3歳半頃以上

〈発達課題をおさえる〉

☐ その後，課題別学級編成　（3月）

この段階では，情報はまだ限られた情報しかないが，大きくとらえて，「この子にはどんな力をつけてあげたいか」「そのためにどんな集団を必要とするか」を中学部職員集団で検討する。

②　教育課題の設定へ

　新年度がスタートしたら，まず，一人一人の「個人課題表」を作成する。これと小学部や小学校から引き継いだ資料（入学までの資料），生育歴，障害の様子，健康面，保護者の願いなどをよりあわせて，今年度の《教育課題》を明らかにしていく（6月末までに）。

☐ 学級担任者会　　「個人課題表」

- 1日の流れに沿って，あるいは項目（基本的生活習慣，対人面，認知面，情緒面，からだ＜健康面，動き面＞，遊びなど）を立てて，実態把握をする。
　　　　　　※何がどんな風にできて，何でつまずいているのか。
- それぞれの項目ごとに
　　○実態→○課題（ロングゴールとショートゴール）→○指導方法→○評価
　　を担当者が記入していく。
- この課題表は，担任全員で検討し，学級内で日々指導者が変わっても引き継がれていく。
　　　　　　※複数の目で作り上げていく。
- そして，5月末に家庭訪問をし，《保護者の願い》を受けとめる。
- その後，これらをより合わせて，今年度〈教育課題〉についてまとめる。

第2章　教育課題と授業づくり

　この教育課題の設定に際しては，すぐ目の前のことだけに目を奪われるのではなく，卒業後を見据えた視点でも吟味することが大切である。「社会に出たときに，どんな力がついていれば豊かに生きられるのか」「そのために，今，中学生としてつけたい力は何なのか」という視点である。

□ 学部会で（より多くの目で）

○ケース会議（6月末）
- 一人一人の「障害・発達・生活・今年度の教育課題・保護者の願いなど」について学部全体で共通理解を図る。
- 発達検査をする（田中ビネー，遠城寺）。

○ここで確認された「教育課題」を踏まえながら，各授業の担当者（担任以外が授業のチーフということもある）は授業の内容を考えて，一人一人の課題達成に向け，必要な教材を準備し，必要な手だて（障害に対して，発達段階に対してなど）を加えながら，授業を展開していくことになる。

〜 教育課題が明らかになる 〜

↓

[授 業 実 践]

(3　実態把握と授業づくり　【授業例】　ことばかず)

　　(1)　Bグループ「ことばかず」のねらい
○自分の要求や意志・感情を動作や言葉（絵カード・文字）で伝える力を育てる。
○模倣する力や身の回りの物や事柄を認識する力を育てる。
○簡単なルールがわかって，小集団活動に参加できる力を育てる。
　　(2)　体制
生徒5人（1年…2人，2年…3人），指導者4人
　　(3)　実態把握と授業づくり

一人一人の　　　　生活指導場面の実態把握・教育課題の設定と並行して，下記の観点で一人一
教育課題　　　人の「ことばかず」の実態をていねいに把握し，「ことばかず」（授業）としての一人一人の課題を明らかにしていく。

> 【実態把握の観点】
> △目と手の協応　　△色や形の理解　　△言葉の理解
> △概念の理解　　　△文字の力，数の力
> ○イメージする力　○描く力　　　　　○表現力
> ★コミュニケーションの力（どんな風に伝えればわかる。）
> ★ルールがわかって，ゲームに参加できる力（集団参加）
> ◇何に興味・関心を持っているのか，どんな内容なら課題に向かえるのか
> ◇学習への姿勢　　◇1人でやりきる力

　この時，留意しなければならない点は，ただ「できる」「できない」だけを見るのではなく，「できた時に"できた"とアイコンタクトを送れるか」「できなくても自分でなんとかしようと努力しているか」「できなかったら助けを求められるか」など，その過程を大切にすることである。また「どんな課題でつまずいているのか」「何ができて何ができないのか」などもていねいに観察する必要がある。

　一人一人の「ことばかず」の実態がわかり，つけたい力が明らかになってくれば，やっと授業の柱ができ，学習内容が絞られ，教材・題材選びが可能になる。ここから，本格的な授業づくりが始まる。

　そして，この時忘れてはならないのが，ケース会議で明らかにされた一人一人の《教育課題》（生活・発達・障害・中学生としてつけたい力・社会性・保護者の願いなど）である。一人一人の《教育課題》も十分配慮しながら，学習内容を吟味し，一人一人に必要な「指導の手だて」を考えていく必要がある。

(4) 授業の組み立て

　一人一人の《教育課題》に迫りながら，しかもこの学習を通して「わかる喜び」「自分でできる自信」「みんなでする楽しさ」も経験させてやりたいとの願いを込めて，授業内容を下記の3本で構成することにした（約80分）。

① ルールのある遊び（25分）　　　　　　　　　　　　　（みんなで）
　　→身体を動かせるもの，楽しいもの，一人一人にあわせられるルール
　　　（ex. いす取りゲーム，ジャンケンゲーム，びん運びゲームなど）

② 絵本の開き読みと動作表現，劇あそび（25分）　　　　（みんなで）
　　→イメージを豊かに，表現力を豊かに
　　　（ex. おおきなかぶ，はらぺこあおむし，ぐるんぱのようちえんなど）

③ 個別の課題学習（30分）　　　　　　　　　　　　　　　（1人で）
　　→認知の力，より豊かなコミュニケーションの力を目指して

第2章　教育課題と授業づくり

　　　（ex. 弁別, ひらがな, 絵カードと文字, マトリックス, ビーズ通し, カルタ, ペグさし, 数, 形, 色, 絵カードとことば, 仲間集めなど）

(5) なぜ「個別の課題学習」に取り組むのか

個別の課題学習

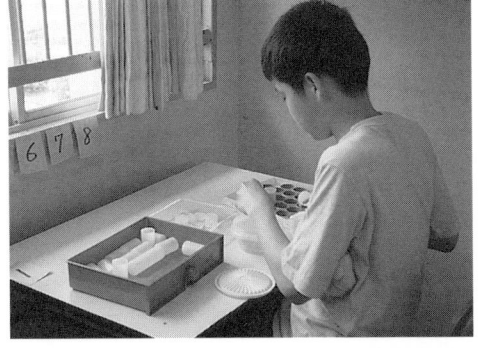

　授業の最後に毎時間, 個別の課題学習を位置づけている。①ゲームや②絵本は集団で進めるが, この「③個別の課題学習」は, 各自のつけたい力にあわせた内容と量で個々に構成している。子どもたちは, 順番を待つ必要もなく, 自分のペースで, 用意された学習を進めていける。

　この学習を通して,

○わかる力を伸ばす。

○どう伝えればわかるかを探る（まずは, 受容性のコミュニケーション）。

○次に, 表出性のコミュニケーション手段として何が適切かを探る。

○自立課題を増やす（1人でやりきる力, 自由な時間を豊かに過ごせる力・余暇活動のバリエーション・作業の経験）。

などに切り込んでいる。また, ここで学習した力は必ず, ①, ②の学習に盛り込んでいくことにしている。究極的には,「生活の場面で使える力に, 生かせる力に」を目指している。

　また, 継続指導ができるように指導者を一定期間固定し, マンツーマンに近い体制をとり, あくまでも「集団での授業づくり」にこだわり, あえて同じ空間（一つの教室内）で, 一人一人の学習の場を構造化しながら進めている。

学期末のまとめ

(6) 日々の授業を学期末にどうまとめるか

① ゲーム

○いつも学習している学級集団よりも大きい集団で, また授業以外の場面や場所を利用して, 学習の成果を確かめる。

　→例えば, 同じBグループ学級と合同で。あるいは学部活動で。

② 絵本

○いつもと違う場所で同じ本を使って"開き読み"を実施する。

→学校を離れ，公共施設である近くの町立図書館「お話の部屋」を利用。また，この場所で新たに見つけた課題については，今後の学習の中に盛り込む（教室では気がつかなかった課題を，発見できることが多い）。
○先生ではない人のお話を聞く。
　　→図書館主催の「お話の会」に参加する（読み手はお話サークルの方々）。
　③　個別の課題
○いつも１人でしている学習を，学級のみんなの前で発表する。日頃直接指導をしてもらっていない先生に，その学期の成果を見てもらう機会を持つ。
　　→日常のコミュニケーションに生かす。
　　　例えば，予定の伝え方，意思表示，見通しの持たせ方など。
　　私は，この学期末のまとめまでを含めて「ことばかずの授業づくり」と考えている。

4　【教材例】　絵本「ねむいねむいねずみ」

(1)　手作り絵本（大きく・動く）
　　　「ねむいねむいねずみ」　佐々木　マキ・絵（ＰＨＰ研究所）

教材は愛着のあるものを

　この絵本は，主人公の１匹のねずみが旅をする話で，15場面で構成されている。小学部にいた時に「学級朝の会」で，何度となく読んできた絵本でもあるし，わが子が寝る前に，よく「読んで，読んで」とせがんだ本でもある。何かを教材とする時には，自分自身もそれに愛着を持っているものがいい。
　今回は，対象が中学生であること，学習集団が５人であること，また，ただ読み聞かせるだけではなく，表現活動へと展開させていきたいと考えての選択であった。そこで，この絵本を教材としてどう工夫し，授業に持ち込もうかと考えた。
　話の内容としては，それぞれの場面を独立させて楽しむこともできるし，場面の展開をストーリーとしてとらえて，楽しむこともできるもので，ちょうど，"イメージの世界を豊かに"という観点からいえばＢグループ（１歳半頃～３歳半頃まで）の生徒の実態に適したものであった。ただ，この発達にある子どもであれば，私たちが小さい時お母さんに読んでもらったように，すぐそばで，語りかけるように読んであげる方がいいのかも知れない。しかし，先ほども述べたように，中学生であること，また集団という授業の中での教材づくりという意味から，まずは"みんなで同じものを見る……"そんな空間をつくり出したかった。そこで，１頁が画用紙大になるように，「大型絵本」を製作することにした。

第 2 章　教育課題と授業づくり

大きいことは魅力的であり，しかもインパクトもある。さらに，どうせ手づくりするなら"生きた絵本に"と，主人公のねずみは，各場面ごとにペープサートの形にして動かせるよう（表現できるよう）に工夫をした。

(2)　展開例
① まずは，開き読み（見る・聞く）
　　　　　……（5時間）

よく"読み聞かせ"という言葉を耳にするが，本当は"開き読み"という言葉の方が適切であると図書館の館長さんにお聞きして以来，私自身もその響きの方が好きになり，この言葉を使っている。

大型絵本を2人で支えながら，1人はト書きを，もう1人は"ねずみ"のセリフを言いながらペープサートを操ることにした。ペープサートのねずみは，あくびをしたり，上下に揺れたり，鳩時計の中から飛び出したり，階段を上ったり，パンをかじったりとできるだけリアルに動かすようにする。また3人目の指導者は，場面にあわせて，ベッドの揺れる音，時計の秒針が動く音，鳩の鳴く声，空きびんの倒れる音など効果音担当者として演出に加わる。

効果音は，子どもたちの心を絵本につなぎとめるのに効果的であることが多い。

② 次は小劇場へ（動作表現・動作模倣・セリフ）……（5時間）

絵本になじんできたら，1場面を選んで，表現活動へと発展させていく。まずは指導者がねずみに扮して（お面としっぽをつける）演じてみる。演じようとする頁を開いてバックに立て，イメージづくりの助けになるよう小道具（ベッドや空きびんなど）などを利用するとより一層気持ちが高まる（もちろん，本物ではなく，それに見立てられるもので十分である）。子どもの活動としては，

魅力ある
開き読みを

小劇場で
気持ちを
高める

31

ト書きやセリフ，音響効果にあわせて動くこと（動作表現）が中心で，子どもによっては，ごく簡単なセリフを言うことも課題になってくる。

先生が楽しくしているから・友達が楽しそうにしているから，自分もしてみたい，そんな心の動きを引き出せたら，最高である。

③ もう一度，大型絵本へ（役割分担）……（3時間）

子どもをアシスタントに

身体を使った表現活動で，イメージを膨らませた後は，もう一度絵本に戻り，今度は中心指導者のアシスタントに子どもがなる。

具体的には，「ペープサートを動かす役」「場面にあわせて効果音を出す役」などである。子どもが進めるので，普段より間延びしたりもするが，見る側の子どもたちに，場面をつなげて見るだけのイメージが育ってきているので案外集中して見ることができる。

(3) つけたい力

この学習を通して，

○まずは＜言葉の世界＞と＜絵という平面の世界＞の二つ（情報）を，目と耳から取り込んで受けとめる（受容）。

○次に，取り込んだ情報からイメージの世界をつくり出す。そして，芽生えたこのイメージの世界を表現する。自分なりの動作表現の前段階としては，動作模倣という形で身体表現することになる。自分自身の身体を介して表現することに加えて，道具（具体物）を使う・擬音（音響効果）を使うなどの具体的な動き・操作なども入れて，表現する楽しさ・伝える喜びを味わわせたい。

○劇ごっこをより豊かなものにするものに"セリフ"があるが，言葉による表現にこだわることなく，それ以外の表現手段を豊かにと思っている。

人間関係の広がり

これらの力が，いずれ，豊かなコミュニケーションの力へと育ち，さらに友達と楽しさを共感することで対人関係が広がっていくことを願っている。

(4) ＜事例＞Mさんの場合

Mさんは，ダウン症候群で，発達は2歳前後である。幼児期から施設入所していることもあって，基本的生活習慣はほぼ自立している。しかし，自分が興味・関心を持っていることには取り組めるが，なかなか終われず，次の活動に移れないことが多い。また，集団が大きくなればなるほど（学部集団など），求められている活動への参加がほとんどできなくなる。日常生活上の簡単な指示は，理解できるが，コミュニケーションの主な発信手段は，ごく限られた発語（1語文）と身振り表現である。

○発達から見れば［Bグループの教育課程］

第2章　教育課題と授業づくり

【Bグループ目標】
○身体を動かす習慣を身につけ、健康なからだづくりを進める。
○身辺自立など自分でできることを確実なものとし、自分で考えて行動する力をつける。
○言葉や言葉を補う手段を使って、コミュニケーションを豊かにする。
○経験をより豊かにし、人や物とのかかわりを拡げ、友達と共に活動する力を育てる。
○見通しを持って、1つのことをやりきる力をつける。

【Bグループの授業と集団編成】
○「体育」（学部全体で課題別に）　○「音楽」（Bグループで）
○「しごとかてい」（学級で）　　　○「びじゅつ」（学級で）
○「音体」（学部全体で）　　　　　○「ことばかず」（学級で）
○「学級生活」（学級で）　　　　　○「学部活動」（学部全体で）

○さらに、「個人課題表」から総合的に《教育課題》を設定すると、

◆1日の予定や学習の内容に見通しを持ち、学習に参加する。
◆自分の思いを出しつつも、相手の思いを受け入れられるようになる。

○どうアプローチしていくか（指導方法、手だて、教材、指導場面など）

◆言葉を補うコミュニケーション手段として絵を用いる。
　※朝の会で、絵が入った＜予定表＞を渡し、その日の予定を伝える。
　※学習内容についても活動の順番と内容とを絵に書いて伝える。
◆友達を意識させる（集団一員）
◆「～してから～してください」のやりとりを交わす中で気持ちの調整力を身につける。
◆スタート時間に遅れず、最初の活動から参加できる体制を整える。
（途中からの参加になるとよけいに気持ちを向けにくい。）

　Mさんについては、以上の《教育課題》や《アプローチの方法》について毎時間、できる限り配慮しながら「ことばかず」の取り組みを進めた。
　ここでは、「ことばかず」の「絵本の取り組み」に視点をあてて、Mさんの

Mさんの成長

成長を見てみることにする。
●指導の方法（◇）と変化（→）

◇＜絵本を読んでから劇あそび＞という時には，黒板に二つの絵カードを貼ることで学習の内容と順番を伝え，活動の見通しを持たせた。

思いを伝える	→ことばかずの教室に入るとすぐに「今日はこれをするの？」「今日はこの活動をしたい」など，したい絵カードを黒板に貼ることで，自分の思いを伝えられるようになった。

◇言葉による意思表示が十分にできなくても，意思を伝えられる選択肢を具体的に示す。

意思表示ができた	→どの役がしたいか（ペープサートの係，音を出す係など），絵カードを取ることで意思表示できるようになった。また，したい役（絵で示し）の下に自分の名前カードを貼ることで選択することもある。

◇上手にできた時には，名前の上に"はなまる"を書いたり，台の上に上げて拍手をしたり，必ず友達や先生たちの前で評価する。

達成感を感じられた	→気に入ったペープサートなどはなかなか離せず，次の体制に移れなかったが，上手にできたことをみんなの前で評価してもらったり達成感を感じられるようになったことで，活動に区切りをつけられるようになった。なかなか離せなかったペープサートを置いて，自分の席に戻れるようになった。
楽しさを共感	→表現活動というねらいに対しては，衣装をつけることで気持ちが高まり，大胆な師範を見せることで自分もあんな風にやってみたいという思いを引き出すことができた。演じた動きを見ていた友達が，手をたたいてくれたり，笑ったりしてくれたことで，みんなでする達成感を味わい，楽しさを共感できたようだ。あんなに心ひかれてなかなか脱げなかった衣装が，活動の節目（終わり）で，自分から脱げるようになったのである。

◇活動の順番は，名前カードを上から順に貼ることで伝えた。また活動が終われば名前カードははずし，自分の順番がもうすぐ回ってくるという見通しを持たせた。

アピールする	→名前を呼ばなくても次は自分だとわかると，自分から出てきて衣装をつけられるようになったり，なかなか友達の活動が終わらない時には，友達の名前カードをはずして，「早く終わって！」とアピールするようになってきた。

5 評価

評価には二つの側面がある。

第2章 教育課題と授業づくり

評価の二つの側面

　一つは指導者として，授業を振り返ることである。授業のねらいが達成できたか，一人一人の教育課題に迫ることができたかという両側面から授業を検証する必要がある。この評価は，次回の授業づくりにぜひ生かしたい。同じ失敗をしないために1時間1時間を大切に実践を進めたい。

　もう一つは，子どもたちの学習の成果をまとめ，次の課題を明らかにしていくための評価である。

(1) 指導記録と教科会

○サブ指導者は，担当生徒の様子を，その日のうちに授業の記録用紙に，記入して，中心指導者に戻す。

○記録用紙には，様子だけではなく，課題が適切であったかどうかという視点でも記入する。不適切な課題は，思い切ってやめる。積み上げてできるようになるものと，そうでないものとをしっかり吟味する。授業者は，より実態や課題にあうように教材の改善をはかっていく。

○サブ指導者は担当生徒の様子や評価だけに終わるのではなく，授業をチームで作り上げていくために，もっとこうしたらという改善点についても記入する。

○書いて伝えるだけでは，細部までわかり合うことに限界があるので，伝わりにくい部分については，話をする時間を見つけて伝え合う。

○これら一連の取り組みは，一定期間ごとに教師集団で深め（教科会），それに伴って軌道修正を加えながら，よりよい授業づくりを進めるものとする。

(2) 成果をどう見るか

○評価の過程では，"目に見える成果"と客観的にとらえることが難しい"ヨコへの広がりや豊かさとなって表れるもの"とがある。後者は，具体的に評価しにくいがその成果もまた，目に見える成果と共に，日常の生活場面に現れてくるものと思われる。いわゆる人格の全面発達へと実を結んでいくのである。

○どういう取り組みによって，どう変わったかをしっかりとおさえ，そのことが今後その子どもにどう有意義に働くのかまた，生活の中で，どう生かされていくのかまでも視野に入れて評価する。

授業づくりへの追求

　一つ一つの授業でつけた成果（力）は，《教育課題》という鎖でつなぎとめられ，やがてその力は，社会に出た時に生き生きと豊かに生活していくために発揮される。

　そのためにも私たちは，一人一人の《教育課題》をしっかり踏まえた授業づくりを，教師集団として今後も可能な限り追求していきたいものである。

第3章 学習指導案と授業づくり

―個への視点と学習指導案作成を中心に―

1 基本的な考え方

(1) 学習指導案作成の意義

授業の設計図

授業は教師の特定の意図によって組織されるものである。そのために，授業を行う前に，この時間の授業で何を目標とし，どのような内容や方法で，授業展開することにより，子どもにとって価値のある学習，主体的に取り組むことができる学習にしようとするのかという教師自身の考えがはっきりとした形で，頭の中になくては，よい授業は期待できない。この，教師の頭の中にある授業の意図や考えを整理して具体的に書き表したものが学習指導案である。学習指導案は，授業の設計図であり，よい学習指導案を作成するということは，よい授業をすることにつながる。したがって，授業づくりの授業設計において，学習指導案を作成することは最も重要な教師の仕事である。

学習指導案の役割

学習指導案をうまく作成できないという時は，授業の目標や内容がはっきりせず，漠然としていたり，授業展開の仕方のどこかに無理や矛盾があったりするためである。このことは見方を変えれば，教師は自分が行う授業について，十分に考え，わかっていると思っていても，実際に学習指導案として書き表してみる作業を行うことで，不明な点や矛盾している点があったことに気づく機会が得られることになる。そこで，不明な点や矛盾している点があれば，修正して学習指導案を書き上げることで，教師はこれから行おうとする授業のはじまりから終わりまでについて，より具体的なイメージを描くことができることになる。そして，その授業での押さえるべきポイントを自分の中でより明確にすることができることにもなる。このように，学習指導案を作成するということは，「子どものために良い授業をするという目的を第一義にもっているけれども，教師のために行なわれるものである」（宮本茂雄『授業』，1983年）ことを確認したい。

(2) 障害児教育における学習指導案

「個への適切な対応」と学習指導案

よい授業をするために，教師が学習指導案を作成することの必要性と意義は，通常教育でも，障害児教育でも異なることではない。しかし，障害児教育にお

いて作成される学習指導案が，通常教育における学習指導案と何ら違いのないものであってよいということではない。

通常教育では，多人数の子どもに対して，一斉に授業が行われる。多人数を一斉に，しかも教師1人で教える場合には，目標も内容も方法も，同一にならざるを得ない。しかし，多人数の一斉での授業では，学習効果を上げることが困難な子どもを対象としているのが障害児教育である。このような子どもに対して，一人一人の実態から出発し，「個への適切な対応」をすることにより，その教育を保障しようとするところに障害児教育の特徴がある。したがって，その特徴が学習指導案の中にはっきりと示すことができてこそ，障害児教育における学習指導案といえよう。それができないということは，実際の授業において，障害児教育の特徴とする「個への適切な対応」が十分になされた授業ができているかどうかを疑わしいものにすることにもなるだろう。

(3) 「個への適切な対応」のための指導計画を明示した学習指導案

作成に当たっての考え方

では，障害児教育の特徴である「個への適切な対応」をした学習指導案を作成するには，どうすればよいのだろうか。このことを考えた時，「個への適切な対応」のための指導計画を学習指導案の中に明示して作成することが必要であると考える。障害児教育の場合，同じクラスにいるといっても，その中の子ども一人一人には，発達と障害の多様さがあり，発達段階，理解力，学習到達度，障害の種類や程度等が大きく異なっている。個人差の大きい子どもたちを対象にする授業では，目標とするところも，内容や方法も，子ども一人一人に応じたものにしなければ，子どもたちに授業での学習効果を上げることは期待できない。そうであるなら，個に視点をあて，授業の目標も内容も方法も個に適切に対応したものを考えることを基本として，授業を組織することが必要である。そのために，障害児教育における学習指導案では，個々の子どもの指導計画を明確に示して作成されることが必要と考えるのである。

ただし，個に対応するために，子ども一人一人の授業の目標，内容，方法が異なるといっても，同じ時間，同じ教室にいながら，個々の子どもを全く別々の目標で，違う活動に孤立した形で取り組ませるような授業がよい授業とはいえない。授業は教材を媒介としての教師の教授活動と子どもの学習活動によって成り立つものである。そこには，教材を介しての教師と子どものかかわりと共に，子ども同士のかかわりの中で，文化的素材である教材の習得を通して，個々の子どもがよりよい自己の発達・成長を遂げていくことが本質的な機能としてある。このことは，障害児教育の授業においても，無視してはならないことである。したがって，障害児教育の授業では，個々の子どもに対する授業で目標とするところや，取り組む活動の種類や方法が違っても，集団として共通

の目標を持ち，目標に沿って個々の子どもが生き生きと持てる力を存分に発揮し，相互にかかわりを持って主体的に学習に取り組めるような授業を組織することを目指したい。そうでなければ，学習指導案の中に「個への適切な対応」のための指導計画を明示して作成することは全く違った意味になってしまうであろう。さらにいうならば，「個への適切な対応」は，集団の中での指導においてなされる対応原理でなければならないのである。

2 具体的なやり方

(1) 単元計画の作成方法

単元計画作成の手順

障害児教育の特徴であり，必要不可欠の要件は，子ども一人一人の実態から出発し，「個への適切な対応」をすることである。この特徴を示すための障害児教育における学習指導案では，「個への適切な対応」のための指導計画を明示して作成することが必要であることを述べてきた。では，そのような学習指導案を具体的に作成するためには，どのような手順や方法で作成すればよいのかということについて，知的障害児の教育における領域・教科を合わせた指導の代表的な指導形態である生活単元学習を例に取り上げて述べる。

生活単元学習は，生活上の課題処理や問題解決のための一連の目的を組織的に経験させることによって，自立的な生活に必要な事柄を実際的・総合的に学習させようとする指導の形態である。生活単元学習は，その名称からして単元学習であるから，学習指導案を作成するにあたって，どのような単元を設定し，単元を展開していくのかという単元計画を明確にすることがまず重要になる。そこで，図に示す手順で「個への適切な対応」を図って単元計画を作成していくことが必要であると考える。この各手順の考え方と観点を以下に述べる。

```
個々の子どもの実態把握    生活単元学習の目標
           ↓
      個々の子どもの目標設定
           ↓
         題材の選定
           ↓
         単元の構成
           ↓
         単元の展開
           ↓
           評価
```

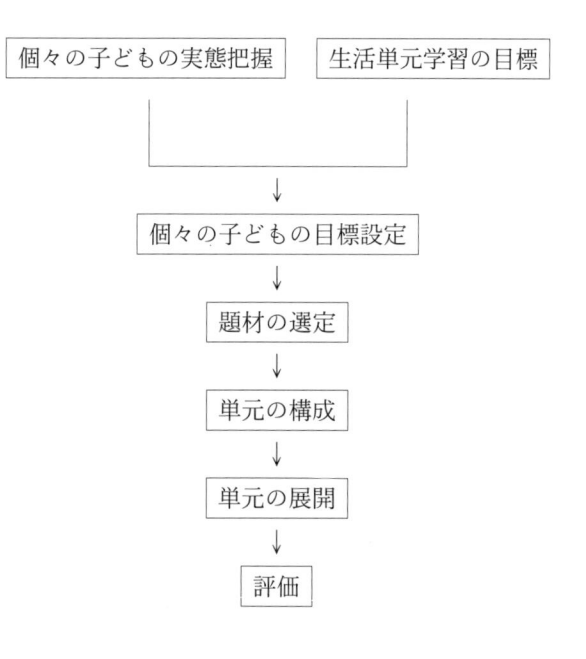

図3-1 単元計画作成の手順

第3章　学習指導案と授業づくり

| 個々の子ども の実態把握 | 　障害児教育の授業づくりは，子ども一人一人の実態からの出発であるから，個々の子どもの実態について的確に把握することが必要になる。その内容としては，言語，運動，認知などの諸能力，障害の種類や程度，性格や特性等といった様々な観点から子どもの全体像について把握しておくことが必要だろう。しかし，把握した子どもの全体像がそのまま直接授業の内容に関わる実態といえるわけではない。したがって，学習指導案を作成するためには，その授業の内容に関わる実態について詳しく把握することが必要となる。
　生活単元学習の場合には，授業に直接関わる実態として，子どもの生活における実態，すなわち実際の生活の中での子どもの様子について多面的に把握することが重要である。具体的には，子どもの生活の場である学校，家庭，地域での生活の様子について，人へのかかわり，ものへのかかわり，興味・関心，生活経験，生活に必要な知識・技能・習慣，課題場面における行動特性などを観点に，これまでの指導記録や日常行動観察，保護者からの情報等をもとに把握する。|

個々の子ども の目標設定　　次に，把握した個々の子どもの実態と生活単元学習の目標を照らし合わせて，生活単元学習における個々の子どもの目標を設定する。ここで設定する目標は，年間の個別の目標であり，年間を通して，生活単元学習の授業において個々の子どもに願う活動の姿といえるものである。

題材の選定　　こうして，子ども一人一人の実態把握とそれに即した目標設定をした上で，集団活動として展開する授業を行うには，対象とする学習集団のすべての子どもの実態，目標に対応し，その学習集団にふさわしいと考えられる題材を選定することが重要になる。題材の選定にあたっては，その題材の持つ特性について，＜生活性＞・＜活動性＞・＜課題性＞という三つの視点から検討することが必要であると考えている。この三つの視点は，「特殊教育諸学校小学部・中学部学習指導要領解説－養護学校（精神薄弱教育）編－」の中で，望ましい生活単元学習として備えるべき条件として挙げられた内容から，関連するものを整理し，重要な要素を抽出して設定したものである。各々の視点は以下の通りである。

＜生活性＞…実際の生活に即した子どもの興味・関心や生活に必要な知識，技能に関わるもの
＜活動性＞…活動のめあて，見通しの持ちやすさや十分な活動量の確保に関わるもの
＜課題性＞…個々の子どもに対して課題場面を設定しやすい活動の多様さ，集団としてのかかわりの持ちやすさに関わるもの

　その他，季節や地域性と共に，単発的にならないよう，年間を通してのつな

単元の構成	がりや発展性についても考慮することが必要である。 　次に，選定した題材をもとに，単元を構成していく。単元を構成するにあたっても，子どもの実態を出発点に，「個への適切な対応」を図るために，次に示す五つの手順で行う。 　①題材における個々の子どもの実態についてさらに詳細に把握する。 　②単元における個別および集団の目標を設定する。 　③単元における活動を選択し，配列する。 　④それぞれの活動における個々の子どもの実態を把握する。 　⑤それぞれの活動における個々の子どもの課題と達成のための手だてを設定する。
単元の展開	こうして，構成された単元の一連の学習活動を１時間１時間の授業で展開していくが，その際に，授業ごとに個々の子どもと集団における目標，手だてを明確にした本時案を作成し，授業を実践する。
評価	授業後および単元終了後に個々の子ども，および集団に対する評価を行い，必要な修正・改善を図って，次の授業や単元に生かすようにする。

(2) 本時案の作成方法

本時案に記述すべき内容	単元計画をもとに，展開していく単元の中で，その１時間の授業の位置づけや目標を明確にして，その授業の学習指導案，すなわち本時案を作成する。学習指導案の中心は，本時の授業をどのように進めるかということである。それを具体的に書き表す本時案の作成において，「個への適切な対応」のための指導計画を明示するためには，以下の四つのことを記述することが必要と考える。 ・授業での活動における課題と課題達成のための手だてを個別に記述する。 ・同じ学習活動でも，個々の子どもによって活動の受け止め方や取り組み方は異なるはずであり，個に応じて対応を変えることが必要な場合があることから，個々の子どもについて予想される取り組みを想定して記述する。 ・個々の子どもに予想させる取り組みを記述するだけでなく，個々の子どもの姿をどのようにとらえ，目標と照らし合わせて，どのような手だてを講じていくかという教師の意図も記述する。 ・集団活動としての授業では，１人の子どもに対する教師の直接的なかかわりが，他の子どもたちの学習や活動によくも悪くも影響を与えることを考えると，個に対する視点のみではなく，集団の中の個という視点で対応を考えることが必要である。その意味から，他の子どもとのかかわり，個をとりまく環境・状況設定などについても記述する。
本時案の書式	以上の４点をもとに，見やすさも考慮すると，望ましい本時案の書式としては，次に示す図３-２のようなものが考えられる。

第3章 学習指導案と授業づくり

目標	全体	＊本時の目標や活動をとらえやすくするために，個別目標と全体目標の記述欄を設ける。 ＊集団に関わる目標など，個別目標欄に表しにくいものは，全体目標に含めて記述する。			
	個別				

学習活動	指　導　上　の　留　意　点				
	＊子ども全員に対する個別の枠を設ける。				全　体
	子ども1	子ども2	子ども3	子ども4	
1 2 ＊子どもの取り組む活動を簡潔に時系列に沿って記述する。	（課題） ・（手だて） ・	 □ ・ ・ ・	□ □ ・ ・	 □ ・	＊全体に共通する留意点，集団の中での子どものかかわり，環境・状況設定等について記述する。
	＊学習活動を細分化し，その一つ一つについて課題を設定するのではなく，個々の子どもの本時の中心となる課題を設定し，□の枠内に記述する。課題設定にあたっては個別の目標と実態，学習活動を考えあわせて明確にする。 ＊課題設定後，課題に対する子どもの活動を予測し，その予想に基づいた手だてを考えて，記入する。				

図3-2　本時案の書式

3 留意点

(1) 本時の目標設定における留意点

適切な評価が可能な目標の設定

「個への適切な対応」のための指導計画を明示した学習指導案とは，子ども一人一人の実態に即して，授業における個々人の目標，内容，方法がはっきりと書き表されている指導案である。したがって，本時に至るまでの個々人の実態を明確にし，本時の中で個々の子どもにどういう目標を設定し，どういう活動をさせるかをはっきりさせることが必要である。その中で最も大切なポイントとなることは，子ども一人一人に応じた適切な目標を明記することである。あいまいな目標では，その授業の焦点がぼけてしまうだけでなく，その授業の評価を適切にすることができなくなる恐れが生じるためである。授業の目標は，それが達成できたかどうかという評価と切り離せない関係にある。適切な評価ができないならば，次の目標設定をすることも，適切な手だてを講じることも困難になる。そこで，適切な評価が可能な目標を設定したり，記述したりするためには，どのようなことに留意しなければならないのかについて述べる。

目標の記述内容の分類

生活単元学習のような授業での指導案において，実際に授業目標として記述されている内容を見ると，下表のように，抽象性が高いもの（Ⅰ群），具体性が高いもの（Ⅱ群），その両者が混在しているもの（Ⅰ＋Ⅱ群）に分類できる。

表3－1　目標の記述内容の分類

Ⅰ群	～がわかる　～を意識する　～に気づく　～しようと思う　見通しを持つ　知る　考える　イメージを持つ　関心を持つ　達成感を持つ　疑問を持つ　振り返る　決定する　理解する　思い出す　（自分を）評価する　確認する　自信を持つ
Ⅱ群	発表する　選ぶ　分ける　記入する　言う　話をする　答える　応答する　受け答えする　捨てる　整理する　書く　はる　取り組む
Ⅰ＋Ⅱ群	～を考えながら～する　～という見通しを持って～する　～を知り～をする　～することを通して～に関心を持つ　～を考え～を記入する　～を考えて～を発表する　～に関心を持ち～を書くことができる　～を聞きながら～をする　～を見ながら～する　～をすることを通して見通しを持つ　～を意識しながら～する　発表したり聞いたりすることを通して～と思うことができる

Ⅰ群の目標

Ⅰ群の目標は，例えば「～に関心を持つ」というように，子どもの具体的な活動が示されていないものである。この目標の場合，子どものどんな様子が見られた場合に「関心を持った」と判断するのかが明確でないため，評価することは困難と思われる。しかし，その子どもが「関心を持った」時に現れるであろう姿，具体的には「自分なりに考えて発表する」，「どんどん発表する」等の

姿を教師が事前に予測しておくことで、その姿が授業の中で見られた時点で、目標を達成したと評価することが可能になると考えられる。

また、宿泊学習の事前学習の授業で、A君の個別目標として「みんなで泊まるという見通しを持つことができる」というような、単元を通して達成させたい内容が記述されているものがあった。

この授業での手だてとして、教師はA君に対して、①「友達の発表に沿って、具体的な内容を動作を交えて説明する」、②「泊まるメンバーの名前シールを当日食堂で使ういすにはらせる」、③「寝る部屋ごとのメンバー表に写真をはらせる」の三つを考えていた。これは、本時の中で実際に活動してほしいと願っている内容であり、教師はA君が①説明を聞いたり、②名前のシールをはったり、③メンバー表に写真をはったりすることができた時、本時の目標が達成されると考えているのである。言い換えれば、手だてとして記述されている内容の一つ一つが本時の目標として記述されてもよいものである。このように、本時の中で実際に活動してほしい具体的な内容がある場合には、それを目標として記述しておくことが、評価を容易にすると考えられる。

この例について、もう一つ注意すべきことは、①の手だてに対してA君に求める活動が「聞く」ことであり、その姿を具体的に表現することが難しい内容ということである。日常的にA君と接している教師ならば、授業場面でのA君の表情や身体表現などの様子から「聞いている」ととらえることも可能であろうが、自信を持って「達成した」と判断できる内容ではなく、印象評価にならざるを得ない。達成したと判断する根拠を明らかにすることが必要であると共に、「聞いたこと」が確認できるような活動を設定することが大切だと考える。

Ⅱ群の目標　Ⅱ群の目標は、子どもの具体的な活動が示されているものである。したがって、その記述通りの子どもの活動が見られれば、目標を達成したと評価できるはずである。しかし、目標に合った活動が子どもに見られたにもかかわらず、目標を達成していないと判断する場合がある。

その例を挙げると、現場実習に向けた事前学習の授業において、B君の個別目標として「面接の質問に対して、自分の名前や好きなことを話すことができる」と設定されていた。実際の授業場面でB君は自分の名前を言ったり、教師に好きなことなどを尋ねられて答えたりするが、その間窓の外の景色をずっと見ていた。この場合、目標の記述通りの活動、すなわち「自分の名前や好きなことを話す」ことはできたが、目標を達成したとは判断できない。目標には「面接の質問に対して」という記述をしているが、実際には「面接の場面であることを理解して」質問に答えることを教師は求めていると考えられるからである。この例から、目標に具体的な活動が示されている場合でも、教師はその

| | 子の活動の「でき方」までを考慮した目標を設定しないと，実際の授業での子どもを見るポイントがずれ，正しく評価できなくなる恐れがある。

Ⅰ＋Ⅱ群の目標　　Ⅰ＋Ⅱ群の目標として，例えば，自分たちが生活の中で出すゴミの処理をめぐる学習での授業において設定されていた個別目標に，「可燃ゴミと不燃ゴミの2種以外の分別方法を知り，実際に分別することができる」というように，Ⅰ群の内容（知ること）もⅡ群の内容（分別ができること）も達成すべきものが記述されている場合があった。他に，「いろいろな物を自分で燃やしたりVTRを観たりして，ゴミについて関心を持つ」という個別目標が見られた。この場合，「燃やしたりVTRを観たりすること」は，一見，Ⅱ群の内容に見える。しかし，実際の授業場面では，子どもが自分でゴミを燃やしたりVTRを観たりしなくても，その子が明らかにゴミに関心を持った様子を示したならば，目標を達成したと判断することができる。つまり，自分でゴミを燃やしたり，VTRに注目したりすることは単に一つの手段であり，そのことを教師が意識できているならば，授業場面では全く別の手段に変更することも可能となる。この目標の場合，目標として記述された内容の一部ができなかったとしても目標は達成されるのであり，Ⅰ群のみの内容に分類してもよいものといえる。

なお，この群の目標を評価する際には，Ⅰ群の内容，Ⅱ群の内容それぞれに対する評価が必要となる。目標に示した内容のどこまでが達成できた，達成できなかったかを明確にしなければ，次の適切な目標設定はできないことになる。

目標設定のあり方　　生活単元学習のような授業を考える時，その1時間の授業で子どもに達成させたい目標には，Ⅰ群の内容に重点が置かれているもの，Ⅱ群の内容に重点が置かれているもの，両方が同時に求められているものが存在するだろう。しかし，実際の授業では，子どもが思考するだけでも行動するだけでも不十分といえる。したがって，学習指導案に示された目標がⅠ群のみ，Ⅱ群のみの内容であったとしても，記述されていない内容が含まれていると考えるべきである。

これまで，評価を容易にするためには，Ⅰ群のみの目標においては，「活動の中で期待する子どもの姿」や「目標を達成したと見る時の判断の指標」が，Ⅱ群のみの目標においては，単なる行動ではなく，その活動への取り組み方を明確にすることが必要であると述べてきた。これらの内容を記述しようとすると，実際にはⅠ＋Ⅱ群の形で表されるものが多くなってくるだろう。そして，目標を表記する際には，「目標を達成したと判断する根拠となる子どもの姿を明らかにしておく努力」や「目標ではないものを目標として記述しないようにすること」などに留意することが必要である。

以上のことに留意し，適切な評価が可能な目標の設定や記述をすることは，複数の教師で授業を行う際の教師間の共通理解を図るためにも重要である。

4 学習指導案例

(1) 生活単元「学習発表会をがんばろう」

単元設定について

　ここで紹介する学習指導案は，小学部5年生3名（男子1名，女子2名），6年生2名（男子1名，女子1名）で編成された学級の生活単元学習における授業についてのものである。この学習指導案は，これまで述べてきた「個への適切な対応」のための指導計画を明示した学習指導案を作成するための具体的なやり方に基づいて，作成しようとしたものである。

　この単元を設定することにした概略について説明すると，学習発表会は，この学級の児童たちが毎年経験しており，どの児童も関心が持てやすく，発表会に向けての相談，準備，練習，発表といった一連の活動に取り組む中で，様々なことを学習できる場である。その発表会において，この学級の児童たちにとって今年度最も楽しかった経験である修学旅行から，思い出に残っていること，印象深かったことを取り入れた劇をすることで，発表会に向けての活動に意欲的に取り組むことができると考えた。そして，修学旅行で経験したことをもとに，劇の場面を構成することにより，演じることを楽しむことができる児童には，自分の役割を理解しやすく，演じることが意識できにくい児童にも，活動内容がわかりやすくなり，練習や道具づくりなどに意欲的に取り組むことができると考え，本単元を設定した。

単元の目標

○集団の目標：劇の練習や道具づくりなどの活動に，友達や教師と一緒に楽しみながら取り組み，発表会で劇を演じることができる。

○個別の実態と目標

	実　　態	目　　標
A男	・これまでにした学習についてよく覚えており，楽しみにしているため，5年生になったら7月に宿泊学習があるか，今年度は修学旅行があるか，11月になると秋祭りがあるかなどについて教師に確認する。 ・単元を通して，何をするのか，どんな活動をしていくのかという見通しを持つことができる。	相談や練習，道具づくりなどの活動を楽しみながら，意欲的に取り組むことができる。
B女	・単元を通しての見通しは持ちにくいが，それぞれの時間に何をするかについては理解し，意欲的に取り組むことができる。 ・家庭では，次の日の準備物を自分からかばんに入れることができ始めている。	練習や道具づくりなどの活動に，見通しを持って取り組むことができる。
C女	・これまでに経験したことがある活動には，落ち着いて取り組むことができる。 ・ビデオや写真などを見て，何をしたか思い出し，活動内容を理解して，取り組むことができる。 ・絵を描いたり，ものをつくったりする活動に意欲的に取り組むことができる。	活動内容を理解し，練習や道具づくりなどの活動に楽しんで取り組むことができる。

D男	・単元を通して，いつ，何をするかという見通しを持ち，期待感を持って取り組むことができる。 ・何をすればよいのかわかっていても，自分から取り組みにくいことがある。友達が一緒に活動をすると，安心して取り組むことができる。	相談や練習，道具づくりなどの活動に自信を持って取り組むことができる。
E女	・これまでにした学習について覚えており，何をしたいか教師に伝えて，意欲的に活動できる。 ・単元を通して，何をしていくのかといった見通しは持ちにくいが，次は何をするか，何が必要かという見通しを持って，自分から活動に取り組むことができる。	相談や練習，道具づくりなどの活動に見通しを持ち，意欲的に取り組むことができる。

指導の方針　　本単元において，どの児童も活動に見通しを持ち，友達や教師と一緒に活動を楽しむことができるように，個々の児童に対して，以下の方針を立てた。

　　（A男）意欲的に活動できるように，本児が提案したことについて尋ねたり，話を聞いたりしながら具体化し，劇に取り入れる。

　　（B女）活動の見通しを持ちやすいように，授業ごとに何をするのかを教師が一緒に確認する。

　　（C女）活動の内容が理解しやすいように，具体的な活動を多く取り入れ，ビデオや写真等を利用する。

　　（D男）自信を持って活動できるように，思いを受け止めたり，活動に最後まで取り組んだことを称揚する。活動に集中できるように，活動に必要なものだけを提示する。

　　（E女）意欲的に活動できるように，思いを受け止め，称揚したり，本児の提案したことを劇に取り入れたりする。

指導計画　　①学習発表会の相談をしよう…………… 2回
　　②劇のそれぞれの場面の練習をしよう……14回（本時第6回目）
　　　　○道具をつくろう
　　　　○教室で練習しよう
　　　　○舞台で練習しよう
　　③劇を通して練習しよう……………… 2回
　　④学習発表会予行で劇を発表しよう……… 1回
　　⑤劇を通して練習しよう……………… 1回
　　⑥学習発表会で劇を発表しよう………… 1回
　　⑦学習発表会のまとめをしよう………… 1回　　　全22回

第3章 学習指導案と授業づくり

(2) 本時案

目標	全体	海遊館の場面で使う魚をつくる活動に、意欲的に取り組むことができる。					
	個別	海遊館の場面でつくる魚という見通しを持ち、自分のつくる一連の活動に取り組むことができる。	海遊館の場面でつくる魚という見通しを持って、自分のつくる一連の活動に取り組むことができる。	魚をつくる一連の活動に、自分から取り組むことができる。	魚に色を塗る活動に、楽しみながら取り組むことができる。	魚に色を塗る活動に、自分から取り組むことができる。	

学習活動	指導上の留意点					全体
	A 男	D 男	E 女	B 男	C 女	
1 本時の学習内容について知る。	海遊館の場面で使う魚をつくるという見通しを持つ。・本時につくる魚は、学習発表会などの発言を取り上げて確認することで、活動への見通しを持たせる。	自信を持って活動に取り組むように、教師に確認を求めるような場合には、「よく気づいたね」などと声かけをする。	魚をつくることや、魚のつくり方を思い出す。・本時の「魚をつくる」などの発言を取り上げることで、活動への意欲を高める。	・前時につくった段ボールの魚などを見せ、本時の活動を確認する。	使いたい色を選び、楽しみながら色塗りをする。・使う色などについて教師に確認を求めてきた場合には、自分で選択するように受容的に対応する。	・前時までにつくった魚などを教室につり下げておき、海遊館の場面の道具が増えている様子がわかりやすいようにしておく。・段ボールのどちらの面に色を塗るのかわかりやすいように塗らない面にシールをはっておく。・手順表を掲示しておき、活動の手順を自分で確認できるようにする。・児童が自分で準備しやすいように、材料などを所定の場所に置いておく。
2 段ボールの魚に色を塗りをする。	準備から色塗りまでの一連の活動に意欲的に取り組む。・準備の途中で活動が止まったり、忘れている物があったりした場合は、手順表を見るように声かけ、気づかせる。・色塗りの様子を称揚したり、海遊館の場面について話をすることで活動への意欲を高める。	・自信に見通しを持ち、楽しみながら色塗りをする。・活動に集中して取り組んでいる場合は、意識を向けるように、友達の様子を知らせたり、本児のつくっている魚について話しかけたりする。	絵の具の準備に自分から取り組み、楽しみながら色塗りをする。・自分から準備している様子を称揚することで意欲を高めるようにする。・楽しんで色塗りに取り組むように、本時のことについて話したり、色塗りをしている様子を称揚したりする。	・必要な道具がわかりにくい場合には、これから何をするのか、何を使うのかを尋ねるなど、色塗りに必要な物について確認する。・準備をしていない物がある時には、「~はあるの」と具体的な名称を言って尋ねることで気づかせる。楽しんで色塗りをする。・楽しんで色塗りに取り組むように、本児のつくっている魚について話したり、色塗りをしている様子を称揚したりする。	使う色などに確認を求めてきた場合には、自分で選択するように受容的に対応する。・自分の魚を早く塗り終わった場合でも、活動を続けられるように、他の魚を準備しておく。	・自分の色塗りが終わり、何をすればよいのか迷っている児童には、自分が使った物を片づけることについて知らせたりする。
3 本時のまとめをする。						・本時につくった各自の魚を全員に見せたり、次時に行う劇の練習のことについて知らせたりすることで、学習発表会に向けての意欲を高める。

第4章 授業展開と授業づくり

　本章では，和歌山大学教育学部附属養護学校高等部の生徒に対する地域生活を視野に入れた取り組みとして行った「ボランティアについて学ぶ，体験する」というボランティア体験学習を通して，授業展開のあり方について検討を試みる。

1 ボランティア体験学習についての考え方

　ボランティアとは，「有志者」「志願者」「社会事業に奉仕する人」などと訳され，自ら進んで社会事業などに参加する人という意味を持つ。また，自主性・自発性，社会性・連帯性，無償性・無給性という性格を持つものである。ボランティア活動は，最近では総合的な学習の時間の中で取り上げられることも多く，学校における教育活動としても注目されている。

　本章で取り上げるボランティア体験学習についての考え方を，生徒の教育的ニーズと生徒の地域生活という二つの視点から述べる。

(1) 教育的ニーズから見たボランティア体験学習

グループ学習

　本校高等部では，2・3年生の「生活」（生活の学習）において，生徒の発達や目標，将来像をもとにしたグループ学習を行っている。グループには，2年Aグループ（5名），3年Aグループ（5名），Bグループ（2年生5名，3年生5名の合計10名）があり，ボランティア体験学習を行ったのは，Bグループ

の生徒である。

　Ｂグループの生徒の実態を見ると，路線バスを使って主要な駅まで移動したり，学校の周りや居住地域で食材などの簡単な買い物ができる。また，生徒の中には和歌山市内のレンタルビデオ店や映画館を利用したり，友人同士で県外に旅行に出かけたりするなど活動に広がりが認められるようになってきた者もいる。

教育的ニーズ

　高等部では，生徒の生活実態を16領域，170項目でとらえ，それらの評価から教育的ニーズを決定している（和歌山大学教育学部附属養護学校，2000年）。Ｂグループの生徒にとって教育的ニーズがあると評価された項目の多い領域は，身辺自立，家事，社会性，交流活動，移動・交通機関である。

　領域ごとに教育的ニーズを示すと，身辺自立については，衣服の清潔に気を配る，場に応じた服装をするなどであり，家事については，人数分の材料をそろえる，ガスを安全に使用するなどである。また，社会性については，挨拶やお礼を言う，必要な時に助けを求めるなど，交流活動については，ハンディのない人と一緒に活動するなど，移動・交通機関については，略地図を理解する，運賃表あるいは時刻表を利用するなどである。

　ボランティア体験学習は，これらの教育的ニーズのうち，交流活動，社会性，移動・交通機関および身辺自立の領域における教育的ニーズを充足，達成することができる指導内容である。

(2) 地域生活から見たボランティア学習

地域社会での生活を営むために

　本校では「個々の子どものゆたかな地域生活に向けて」を全体テーマとし，平成10年度，11年度の2年間研究を進めてきた。

　高等部の生徒にとって，現在の地域生活は将来の地域生活に直結しているものと考えられる。そのため，彼らにとっては，現在の地域生活の重要性は極めて大きく，自ら地域に出ていき，地域の人とのかかわりを通して経験や学習を積み重ねていくことが必要となる。また，豊かに地域で暮らすためには，場所という物理的な面だけで共に暮らすというのではなく，その地域において，周りの人とよい関係を保ちながら，その地域の一員として実感を持って自分らしく生きることが必要となる（和歌山大学教育学部附属養護学校，2000年）。

　Ｂグループの生徒は，校外学習における公共交通機関，レストランやボーリング場などの利用や現場実習での学習の際にいろいろな人と関わり，社会経験を積んできている。しかし，このような学習や経験を積んできているとはいえ，経済や福祉サービス，社会的資源に関しての知識はまだ乏しく，高等部段階にある生徒として求められる社会の一員としての認識も十分に持っているとはいえない。また，これまでの現場実習以外の学習では，健常者とのかかわりはあったが一緒に活動する機会はほとんどなく，人間関係を築くための基礎となる人

必要な社会性

とのかかわりがこれまでの学習や経験だけでは不足しているように思われる。

本グループの多くは，卒業後，居住地域を基点とし，仕事や遊びに出かけるという生活を営む生徒たちである。彼らが豊かな地域生活を営むためには，より高い社会性を身につけると共に，いろいろな人とのかかわりを通して，共に活動することの喜びを感じ，社会の中で他の人と一緒に生きていこうとする態度を身につけることが必要である。ボランティア体験学習は，彼らが豊かな地域生活を営むために必要だと考えられる「いろいろな人と関わること」や「共に活動することを通して喜びを感じること」のできる指導内容である。

ここでの社会性とは，対人面に関することだけではなく，言語・身辺自立，作業・移動などの社会生活を営む上で必要な能力を指す。また，後述する単元目標で示されている社会性についても同じである。

2　ボランティア体験学習への取り組みの実際

(1) 年間指導計画にボランティア体験学習を位置づける

ボランティア体験学習

ボランティア体験学習は，Bグループの「生活」（生活の時間）において行った指導内容の一つである。この学習は，生徒の豊かな地域生活に向けて，生徒の教育的ニーズの充足，達成のために単元化して扱うことにした。また，「生活」の時間には，ボランティア体験学習以外に学校内における家事の領域を中心とした内容（掃除を始めよう，校内美化Ⅰ～Ⅲ，昼食をつくろうⅠ～Ⅴ），学校外における身辺自立，社会性，移動・交通機関の領域を中心とした内容（バステーリング，芸術とスポーツと，余暇を豊かに），勤労意識を育てるために就労に関する内容（先輩の職場訪問，私たちの将来）などを設定した。

（バステーリングとは造語であり，バスを乗り継いで市内の施設や建物を巡ってくるという活動である。）

ボランティア体験学習を含むすべての指導内容を表4－1に示した。生活実態の評価で用いた16領域のうち，それぞれの単元や題材で指導することを計画している領域の記載は省略している。

表4－1　Bグループの「生活」年間計画

4月：掃除を始めよう，昼食をつくろうⅠ，自転車整備
5月：昼食をつくろうⅡ，バステーリング，修学旅行の行き先
6月：現場実習先への挨拶，現場実習先への礼状，校外宿泊訓練の計画
7月：校内美化Ⅰ，夏休みの過ごし方
9月：昼食をつくろうⅢ，先輩の職場訪問，校内宿泊訓練

10月：昼食をつくろうⅣ，先生のボランティア体験，ボランティア体験Ⅰ，ボランティア体験Ⅱ，校内宿泊訓練，芸術とスポーツと
  11月：実習先への挨拶，実習先への礼状
  12月：校内美化Ⅱ，冬休みの過ごし方
  1月：ボランティア体験Ⅲ，私たちの将来，昼食をつくろうⅤ
  2月：ボランティア体験Ⅳ，私たちの権利Ⅰ，卒業制作
  3月：私たちの権利Ⅱ，余暇を豊かに，校内美化Ⅲ

(2) 単元目標と授業計画

単元目標　単元目標は，「ボランティアに関する学習の中で，社会性を高め，いろいろな人とのかかわりを通して，共に活動する喜びを感じ，社会の中で生きていこうとする態度を育てる」とした。単元目標に沿って立てた授業計画を表4－2に示した。

表4－2　ボランティア体験学習授業計画

  ボランティア体験学習（全34時間）
  第一次（4時間）
    M先生とO先生（教育実習生）のボランティア体験（2時間）
    いろいろなボランティア活動を知ろう（2時間）
  第二次（28時間）
    ボランティア体験Ⅰ（収集ボランティア）（8時間）
    ボランティア体験Ⅱ（V療護園でのボランティア体験）（7時間）
    ボランティア体験Ⅲ（農作物の収穫）（9時間）
    ボランティア体験Ⅳ（農作物をボランティアに）（4時間）
  第三次（2時間）
    ボランティア体験を振り返って（2時間）

(3) 指導の経過とその考察

　ボランティア体験学習が，前述の授業計画に沿って具体的にどのように展開されたのかを単元の前半部分（第二次の「ボランティア体験Ⅱ」まで）の授業から二つを取り上げて①，②に示した。また，それらについて，生徒の教育的ニーズ，授業計画という二つの視点から考察を試みた。

①ボランティア体験Ⅰ（収集ボランティア）

　ボランティア体験をすることおよび身辺自立，教科，社会性，交流活動，行動管理，移動・交通機関の領域の指導を目標とした。
　生徒は，和歌山県ボランティアセンターに行き，センター長よりボランティ

アに関する講義を受け，それから3名の収集ボランティアとセンターの職員と一緒にテレホンカードの分類と集計を行った。

各領域における報告

ⅰ）身辺自立；服装は，季節やボランティアセンターでの活動であるという場所を考慮して選ぶよう指導した。清潔さや服の摩耗などは気をつけて選べていたが，素材や色など，やや季節に合わない服装も見られた。

ⅱ）教科；テレホンカードを10枚ずつ束にしたものを，10束集め，100ずつ封筒に入れた。はじめは正確に10枚ずつ数えることができていたが，1時間以上活動が続くと，間違えることも見られるようになった。活動終了後，感想を話し合い，感想文を書いた。話し合いの時には意見が言えたが，書く時に文字が思い出せない生徒には教師が書き留めた話し合いの内容を記したメモを見せた。感想文の一部を表4－3に示した。

ⅲ）社会性；初めて接したセンターの職員やボランティアに教えてもらったことはよく守り，わからない時には尋ねるなどして活動していた。一方，お礼や挨拶は一斉にそろっていう時には言えるが，センターの職員やボランティアと一対一になった時には言えないことが多かった。

ⅳ）交流活動；生徒を4グループに分け，各グループにセンターの職員あるいはボランティアが入るようにした。生徒はテレホンカードの分け方などを教えてもらいながら，自分の好みのカードを職員やボランティアに示して，それについての話をしたり，自分の趣味についての話をしたりしていた。

ⅴ）行動管理；レストランでのバイキング形式の料理を食べきることができないほど皿に取ったり，食べるペースがつかめず，昼食時間内に食べ終えることができない生徒も見られた。

ⅵ）移動・交通機関；主要駅での集合時間を示し，各自が時刻を調べた。時刻表は調べることができたが，集合時間から逆算して，乗るバスや電車の適当な時間が決められなかったり，以前の遠足で集合場所に行くために利用した路線バスに乗ろうと考えている生徒もいた。

表4-3 収集ボランティアを終えて

- いろんなテレホンカードはどこにあるのかなあと思いました。いろんな人とか絵とかあって，人とか絵のことがよくわかって楽しかった。
- 好きな電車のテレホンカードがあったので家に持って帰りたかった。また学校でもテレホンカードを集めたいなと思います。
- テレホンカードをならべるのがおもしろかった。また，みんなとやってみたい。
- 電車のカードがあった。見ておもしろかった。消防車もあった。

②ボランティア体験Ⅱ（Ｖ療護園でのボランティア体験）

社会福祉施設でのボランティア体験をすることおよび身辺自立，教科，社会性，交流活動，行動管理，移動・交通機関の領域の指導を目標とした。

生徒はＶ療護園に行き，ケースワーカーから入園者にとってのボランティア活動の必要性について説明を受けた。その後，午前中，男子はケースワーカーと一緒に居室の掃除を，女子はＶ療護園のボランティアと一緒に衣類の整理を行った。また，午後にはＶ療護園の職員と一緒に全員で食堂の掃除をした。

各領域における報告

ⅰ）身辺自立；事前指導で服装は活動内容を考慮して選ぶよう指導した。「活動的な服装」という指示にもかかわらず「スカート」と答える生徒がいた。

ⅱ）教科；事前指導でＶ療護園の様子をＶＴＲで見て，内容を話し合い，ボランティア活動の内容を考え，その内容を用紙に書いた。事後指導では，感想を話し合い，感想文を書いた。書く時に文字が思い出せない生徒には教師が書き留めた話し合いの内容を記したメモを見せた。感想文の一部を表4-4に示した。

ⅲ）社会性；活動を始めて間もなくの頃は，教えてもらったことが十分に理解できていないにもかかわらず，質問することができない生徒もいた。ケースワーカーに教師の指示で活動に対する質問や報告ができるようになり，Ｖ療護園の入園者への挨拶，ケースワーカーやボランティアへの返事もはっきりとできるようになっていった。ケースワーカーやボランティアに教えてもらったことはよく守り，ケースワーカーやボランティアに対する言葉づかいもていねいであった。午後には職員との会話もスムーズに行えるようになり，「モップを絞ってください」，「ちりとりをお願いします」など，はっきり言えるようになった。また，入園者にも大きな声で挨拶できるようになった。

ⅳ）交流活動；男子はケースワーカーと，女子はボランティアと一緒に活動するようにした。男子はケースワーカーに掃除の仕方を教えてもらいながら，一緒に居室の窓をみがいたり，洗面所を拭いたりしていた。女子はボランティア

に衣類の整理の仕方を教えてもらいながら，一緒に衣類の整理をしたり，居室に衣類を運び，タンスに納めていた。

ⅴ）行動管理；昼食をとったり，荷物を置いておくための控え室では，生徒同士で，あるいは教師と談笑していたが，活動中は真剣であった。入園者がくつろいでいる居室やろうかで生徒同士が出会っても大きな声で話したり，ふざけたりせず，軽く挨拶する程度であった。また，活動から休憩，休憩から活動に移る時も園の職員の指示に従って全員そろって行動することができた。

ⅵ）移動・交通機関；事前指導で，学校からⅤ療護園までの略図を示し，位置関係の把握を行った。略図を示すとすぐに園が学校から近いことがわかる生徒もいたが，よく利用するコンビニエンスストアの位置を示したり，通学路であることを知らせることで理解できる生徒が多くなっていった。

表4-4　Ⅴ療護園での活動を終えて

- お兄ちゃんと話をした時，おもしろかった。初めてだったのでどきどきしきた。
- ボランティアの人たちと服をたたみました。たくさん服があるのによくわかるなと感心しました。いいことをしたと思いました。
- そうじ終わったあとにうれしかったです。ひまだったら，お手伝いに行きたいです。
- 鏡をふいてきれいになったから，うれしいです。お兄さんがとてもおもしろかったです。向こうの人も喜んでて，また行きたいなあと思いました。
- 思ったことよりも違ったことをやったのでしんどかったです。でも感謝の言葉を聞いて掃除をしてよかったです。

教育的ニーズから授業を分析

これらの授業を生徒の教育的ニーズという点から見ると，表4-3，4-4に見られるように感想文が長くなっていくこと，初めて接した人との活動が徐々にスムーズになっていったこと（①ⅲ，②ⅲ），相手のことをおもしろい人だなと感じたり，他のボランティアの人がボランティア活動のことをよく知っているなと感心したりしていることから（②表4-4），教科，社会性および交流活動の3領域について特に深まりがあったと考える。

また，「M・O先生のボランティア体験」「いろいろなボランティア活動を知ろう」の学習を通して知識が広がると共に，①，②で実際にボランティアセンターや社会福祉施設で活動することによって社会認識を新たにしたのではないかと考える。特にⅤ療護園では，「……いいことをしたと思いました」，「……向こうの人が喜んでて，また行きたいなあと思いました」，「……感謝の言葉を聞いて掃除をしてよかったです」（②表4-4）に見られるように自分の活動が役立ったことを実感できたのではないかと考える。

第4章 授業展開と授業づくり

授業計画から授業を分析

　次に授業計画という点から見ると，本単元はボランティア活動について知ることから始め，収集ボランティア，V療護園でのボランティアへと活動を進めていった。

　いろいろな人とかかわり共に活動することや自らの有用性を感じるという目的のためには，高齢者と話をしたり，カラオケをするなど，直接的なかかわりができるボランティア活動を取り入れることも考えられる。今回は初めての取り組みであり，ボランティアセンターの助言を受けながら行ったが，活動内容については関係諸機関との連携をとりながらさらに検討すべきであろう。

　また，それぞれの授業で扱った内容の妥当性や今後のボランティア体験学習のあり方については，再度検討し，別の機会に述べたいと考えている。

3　授業展開の検討

(1) 授業展開の検討にあたって

　ここでは，これまでの授業の中からボランティア体験Ⅱ（V療護園でのボランティア体験）における事前指導（1時間）と単元の後半で行ったボランティア体験Ⅳ（農作物をボランティアに）の計画部分（みかんの役立て方を考える；1時間）の授業展開を取り上げ，そのあり方を検討する。検討にあたっては，太田（1995年）による授業改善のための授業批評の分析視点を参考に，次の視点で結果を整理，分析する。

　分析の視点：筆者の記録によるボランティア体験Ⅱにおける「事前指導の授業の記述」（表4-6），ボランティア体験Ⅳの計画部分である「"みかんの役立て方を考える"の授業展開」（表4-8），ボランティア体験Ⅱにおける事前指導の授業後の批評会での意見および授業のVTRについて批評した「授業後の批評」（表4-7）の比較から事前指導の授業展開の問題点がどのように改善されたのかを明らかにする。ボランティア体験Ⅱにおける「事前指導の指導目標および授業展開」は表4-5に示した。なお，生徒の個人目標は省略している。

表4-5　事前指導の指導目標および授業展開

指導目標
- V療護園の様子を理解する。
- V療護園で行うボランティアの内容を決める。

授業展開

学　習　活　動	指　導　上　の　留　意　点
○学習のめあてを知る。	・V療護園の様子を理解し，ボランティアの内容を各自決めることをおさえる。
○V療護園の様子をVTRで見る。 ○園内の様子や活動の様子を話し合う。	・施設の様子が理解できるよう，写真あるいは絵カードで確認する。 ・設備だけでなく，園の人たちがどのような活動をしているのかも理解する。
○各自が考えたボランティアの内容を発表する。 ○ボランティアの内容を決める。	・文字だけでなく，絵カードでも黒板に示す。 ・友達の意見も参考にしながら内容を決める。 ・内容がたくさんになりすぎないようにする。
○V療護園の場所を知る。	・身近にボランティアを行う場所があることに気づかせる。
○明日のボランティア体験の予定を知る。	・服装や持ち物を確かめる。

準備物：ビデオ，絵カード，写真

表4-6　事前指導の授業の記述

A．VTRは集中して見ていた。
B．園内の様子については，パソコンやさをり織りなどの入園者の活動に注目していた。
C．ベッド，ランチルームや風呂などの園内の施設については，多くの発言があった。
D．自分がしたいボランティアについては，発言までに間があり，最初の1名は戸惑いながらの発言であった。
E．ボランティアの内容については，パソコンやレクリエーションゲームなどVTRに映っていたことで，自分が楽しめることを中心にした発言が半数を占めた。
F．園の様子についての発表に比べ，自分がしたいボランティアについての発言は少なく，ボランティアの内容を決めるまでに時間がかかった。

表4-7 授業後の批評

a. V療護園が学校の近くにあり，通学途中に目にしていることが本時の最初の部分でわかれば，もっと園について関心が高くなったのではないか。そうすれば，もう少しボランティアの内容に対して積極的に発言したのではないか。
b. VTRの内容（園の様子や入園者の活動）については意見が活発であったが，ボランティアの内容については何をすればよいのかわかりにくかったのではないか。
c. 自分のしたいボランティアについての話し合いが十分できず，教師がまとめようとしすぎたのではないか。
d. 前時の「いろいろなボランティア活動を知ろう」のまとめとして，各自のしてみたいボランティア活動を掲示していたが，ボランティアの内容を考える時，誰も参考にしていない。

(2) 授業展開の分析

VTRは集中してよく見ており（表4-6A），園の様子や入園者の活動についての意見は活発であり（表4-6B, C；表4-7b），生徒がV療護園の様子を理解するためにはVTRによる情報の提供は有効であった。しかし，ボランティアの内容を考えるためには十分な手がかりとはなり得なかったようである（表4-6D, F；4-7b）。

また，ボランティアの内容を考えるにあたって参考となるように掲示物を作成したが活用されなかった（表4-7d）。これは，前時の「いろいろなボランティア活動を知ろう」がVTRによる学習だけで具体的な経験を伴っていなかったこと，掲示物が教師によってつくられたことによると考える。そして，これらに加え，ボランティアの内容を写真や絵カードで提示したとはいえ，その内容が抽象的であったために話し合いが活発に行われなかったのではないかと考える。

適切な課題の設定

　教育活動すべてにいえることであろうが，授業の展開においても生徒の実態を把握し，適切な課題を設定することがまず必要である。そして，学習課題に沿って中心となる活動を学習展開の中に明確に位置づけ，生徒が主体的に学習課題を解決するために必要な手がかりを準備し，課題解決のための道筋を整えることが必要となる。この手がかりについては，学習課題によってVTRによる情報を用いるのか，具体物を用いるのか，あるいは学習経験によるのかなど，その適切さを検討することが大切である。また，それらの手がかりをどのように結びつけ，重ね合わせるのかについても同様に検討を要する。

　そこで，「みかんの役立て方を考える」の授業展開では，以下の5点に留意した。授業展開で①〜⑤をどのように具体化したのかは，表4-8に示した。

① VTRは活用するが，生徒がそこから読みとることはキー・ポイントのみとする。
② 話し合い活動を中心とする。話題の中心となるものを具体的に示す。また，問題の解決に必要な手がかりを示す。
③ 話題の中心になるものについては，これまでの活動経験を大切にする。
④ 同様に，問題の解決に必要な手がかりについてもこれまでの活動経験を大切にする。
⑤ ボランティア体験学習と他の学習との関連を大切にする。

表4-8　「みかんの役立て方を考える」の授業展開

指導目標
　ボランティアの活動経験や日常経験を思い出し，提供された果物の役立て方を考えることができる。

授業展開

学習活動	指導上の留意点
○みかんの入ったコンテナを見る。②	・たくさんのみかんが送られてきていることを知る。②
○VTRでY氏のメッセージを見る。①	・みかん採りのボランティアを思い出させる。③
	・メッセージをしっかりと聞きとらせる。①
○学習のめあてを知る。	・「他の人に役に立つような，喜んでもらえるような」というY氏のメッセージをおさえる。①
○みかんの役立て方を話し合う。②	・みかんの役立て方が考え出せ

第4章　授業展開と授業づくり

	ない時は，これまでの活動を振り返らせ，掲示物からボランティア銀行の存在やＶ療護園の入所者の存在に気づかせる。②③④⑤ ・地域の人，現場実習先の人に届けたいなど，日常経験からのみかんの用い方も認める。④⑤
○みかんの役立て方を決め，必要に応じてメモをとる。	・これまでの活動経験に沿って，日常経験も大切にしながら決めさせる。④⑤
○みかんの袋詰めをする。	・全員で協力して作業を行うようにする。
○次回の袋詰めの作業日を知る。	

準備物：ビデオ，これまでの活動が示された掲示物，みかん，ビニール袋，バッグシーラー

4　授業展開における留意点

ここでは，表4－5，表4－8に示した授業展開，表4－6の授業の記述，表4－7の批評および表4－9で示した「みかんの役立て方を考える」授業の記述から授業展開における留意点について検討する。

学習経験・活動経験の授業での結びつき

VTRを使っての情報の提供は，注意を集中させ（表4－6A），効果的に情報を伝達することができる（表4－6B，C；表4－7b）。しかし，それをもとに「自分のしたいボランティア」という抽象的なことについて話し合うのは難しかった（表4－6D，F；4－7a，b，c）。一方，表4－8に見られるように，話し合いの話題の中心となるコンテナに入ったみかんを示し，生徒が「生活」の別の学習でつくった掲示物という手がかりを準備することで話し合いが広がり，意見が活発に出された（表4－9G，H，I）。

これらのことは，このような抽象的なことについての話し合い活動においては，これまでの学習経験や経験活動が授業の中で結びつくこと（学習・活動経験の統合）が重要であると考える。

具体物の効果的使用

また，表4－8に示した授業展開では，話し合い活動を中心としたが，展開の後半部分でみかんの袋詰め作業も行った。生徒たちは，役割を分担し，積極的に取り組んでいた。この作業によりみかんをお金に換えて寄付するというこ

とや自分が持っていってあげたい人に届けようという気持ちを高め,「人の役に立つ,喜んでもらう」ということをより実感できたようであった。

これらのことは,本授業のような展開において,視聴覚機器だけでなく具体物を効果的に使うことの大切さを示すものであると考える。

以上のことから,授業展開における留意点として次の4点が挙げられよう。

① 視聴覚機器の使用は効果的であるが,その利用については,機器の種類,伝達内容,視聴時間などを検討する必要がある(表4-8①,③)。

② 授業の中心となる活動は,学習経験や活動経験の積み重ねをベースに考える(表4-8③,④)。

③ 学習と学習との関連を大切にし,これまでの学習の成果を次の授業の中に取り込む(表4-8③,④,⑤)。

④ 学習課題の理解を深めるために具体的な活動を効果的に取り入れる(表4-9J)。

表4-9 「みかんの役立て方を考える」授業の記述

> G. みかんを他の人の役に立つように,喜んでもらえるように使うために,お金に換えてボランティア銀行に寄付しようという発言があった。そして,その意見を肯定する反応がすぐ起こった。また,それが他の生徒にも広がっていった。
> H. みかんをお金に換えるだけではY氏のメッセージに沿わないが,ボランティア銀行に寄付すればよいことが確認された。
> I. 小・中学部の人や高等部の他のクラスにも届けようという発言があった。また,家族,いつもお世話になっている近所の人や知り合い,中学校の時の担任,現場実習先に持っていこうという意見が次々と発表された。
> J. 袋詰めのための役割を分担し,役割も交代しながら袋詰めみかんを次々とつくった。

〈参考文献〉

太田正己 「授業実践段階における授業批評の影響」『特殊教育学研究』33(1)，p.9-16，1995年。

和歌山県ボランティアセンター 『ボランティアガイド』和歌山県社会福祉協議会和歌山県ボランティアセンター，1995年。

和歌山大学教育学部附属養護学校 「個々の子どものゆたかな地域生活に向けて──小・中・高等部を通した指導のあり方を探る──」『和歌山大学教育学部附属養護学校研究集録』11，p.83-123，2000年。

第5章

教材・教具と授業づくり
－個別に教材・教具を工夫した授業－

1 サブタイトル「個別に教材・教具を工夫した授業」とは？

サブタイトルについて

　はじめにこの章でサブタイトルになっている「個別に教材・教具を工夫した授業」について説明する。

> 「個別に」とは……………一人一人の生徒に
> 「教材・教具を」とは……授業で用いる材料・道具を
> 「工夫した」とは…………一人一人の持ち味を活かせるように工夫・開発, 選択した
> 「授業」とは………………作業学習活動

　ここでいう「工夫した」＝「一人一人の持ち味を活かせるように工夫・開発, 選択した」の中の「持ち味」について, さらに詳しく説明する。
　「持ち味」とは,『広辞苑第4版』によると「人柄や小説・技芸・美術品などの持つ独特の味わい・良さ」となっているが, ここでは, 授業場面で, 生徒の作業学習活動の中に見られる「特色」のことを意味する。
　つまり, サブタイトル「個別に教材・教具を工夫した授業」とは,「一人一人の生徒の作業学習活動の中に見られる特色を活かすことのできる教材・教具を工夫・開発, 選択して用いた作業学習活動」を意味する。

「持ち味」とは

　「持ち味」についてもう少し説明しよう。
　指導者は, 生徒の実態から作業学習目標と作業学習内容が決まると, 次はその作業学習活動場面での個々の生徒が行うであろう活動を予測する。一人一人の生徒の日ごろの活動を頭いっぱいに描き,「きっとこの子は, ここでこんなことをするだろうな」と予測するのである。

「手だて」とは

　その予測と, その時の生徒の作業学習目標や作業学習内容とを照らし合わせて, ここは戸惑うだろうな, あるいは作業学習内容とは違った活動をするだろうなというところに対して, 一つ一つ「手だて」を打つのである。その「手だて」とは, 教具であったり, 教材であったり, 場所であったり, コミュニケー

ション手段であったり、いろいろな方法を工夫して、五感すべてを刺激するものが考えられる。

それらの「手だて」を打ち、そしてもう一度、「手だて」を含んだ作業学習活動場面を予測し、一人一人の作業学習目標や作業学習内容を確認しながら、「手だて」の不備がないかどうかのチェックを行う。そして問題がなければ実際に授業を始める。

予測通りと予測不可能の活動

いよいよ実際に授業を行ってみると、その中には、指導者に予測されていた活動もあり、またあれだけ考えても予測できなかった活動も見られる。

予測通りの生徒の活動は、生徒の実態を指導者が正しくとらえ、準備した「手だて」が有効に働いていたことになる。逆に予測できなかった活動は、生徒の活動への実態把握不足であり、準備した「手だて」も有効に働かなかったことになる。

しかし、この予測できなかった活動こそ、その生徒の作業学習活動実態を把握するチャンスであり、この予測できなかった作業学習活動が現れた時こそが、「持ち味」発見の時である。

ではそのような授業をするためには何をどうすればよいのか。
そこで具体的な進め方を次に説明する。

2 「個別に教材・教具を工夫した授業」をしよう

「個別に教材・教具を工夫した授業」をするには、以下のようなステップが必要である。

作業学習活動の中で、
(1) 一人一人の「持ち味」を発見する。(A)
(2) 「持ち味」を活かすことのできる教材・教具を工夫・開発し、選択する。(P)
(3) 工夫・開発し、選択した教材・教具を使って授業をする。(D)
(4) 「持ち味」を活かせているかどうかをチェックする。(C)
(5) 新たな「持ち味」を発見する。(A)
(6) (2)にフィードバックする。
という「持ち味」を活かす『P−D−C−Aの授業サイクル』を回す授業ステップである。

では、(1)〜(5)を順に説明しよう。

(1) 一人一人の「持ち味」を発見する(A)とは？

ある授業で、物を製作する作業学習工程があるとする。

「持ち味」の発見

　生徒のＡさんが，物を製作する作業学習工程のうちの一部の作業学習内容を分担したとする。この授業でＡさんが分担する作業学習工程を学習するために，まず指導者は，次のようなことをする。

① 作業学習工程名をはっきり述べ，作業学習目標と作業学習内容を説明し，サンプルを示し，でき上がりのイメージをわからせる。
② 教材・教具などを見せて、その使い方を説明する。
③ 作業学習内容を覚えたい気持ちにさせる。
④ 作業学習活動をしていることが見える位置，安全な場所にＡさんをつける。
⑤ おもな作業学習内容を一つずつ言って聞かせて，やって見せ，やらせて書いて見せる。
⑥ 難しい点・習熟に時間がかかる点をより詳しく説明する。

　ここまできて，いよいよＡさん自身に作業学習内容をやってもらうことになる。「持ち味」はこのＡさんのやってみた作業学習活動の中から発見する。

　いざＡさんがやってみると，指導者が説明し，やって見せたこととは違った作業学習活動をすることがある。指導者が思いもよらないやり方で，作業学習活動をしているＡさんの姿に直面することがある。

　ここで注意深く観察する。重要なことは，Ａさんの作業学習活動の中でどこがどのように，指導したことと違うのかを観察する。あっ，こんなことをしている，こんなやり方もあるんだ等，注意深く観察する。

　教具の握り方が違う，見ているところが違う，手の力の入れ方が違う，姿勢が違う……これこそがＡさん自らの姿であり，これこそがＡさんの「持ち味」の発見である。

　教具の握り方そのものが「持ち味」。
　見ているところそのものが「持ち味」。
　力の入れ方そのものが「持ち味」。
　姿勢そのものが「持ち味」。

　こう考えれば，「持ち味」は驚くほどあちこちの作業学習活動の中に現れている。指導者の思いもよらない作業学習活動が起こった時こそ，生徒たち一人一人の「持ち味」を発見できるチャンスである。

　一人一人の「持ち味」の発見だ。
　またここは，指導者の観察力が問われるステップでもある。

(2) 「持ち味」を活かすことのできる教材・教具を工夫・開発し，選択する（Ｐ）とは？

　さあ，一人一人の「持ち味」を発見することができた。

そこで「持ち味」を活かすことのできる教材・教具を工夫・開発し，選択しよう。

「持ち味」を活かすために

教具の握り方を活かした教材・教具を工夫・開発し，選択しよう。

見ているところを活かした教材・教具を工夫・開発し，選択しよう。

手の力の入れ方を活かした教材・教具を工夫・開発し，選択しよう。

姿勢を活かした教材・教具を工夫・開発し，選択しよう。

あの手この手と、その「持ち味」を活かす方法（工夫・アイデア）は限りなくある。

工夫・アイデア次第で，教材・教具は数限りなくあるものだ。はじめから成功するとは限らない。失敗は成功の母。色々チャレンジしてみよう。

ここでは，指導者が創意工夫，知恵を出し，生徒一人一人の「持ち味」を活かした教材・教具を工夫・開発し，選択するステップである。

(3) 工夫・開発し，選択した教材・教具を使って授業をする(D)とは？

一生懸命工夫・開発し，選択した教材・教具には愛着があるものである。その教材・教具を使っての授業は，とても楽しみであり，どきどきするものである。

生徒に早く会いたい，用意した教材・教具を早く見せたい，どんな表情を見せてくれるだろう，どんなふうにやってくれるだろう……とまさに指導者冥利に尽きる時間である。

ここでは，作業学習目標を達成するために，一人一人の生徒の「持ち味」を活かし工夫・開発し，選択した教材・教具を実際に使って授業をするステップである。

(4) 「持ち味」を活かせているかどうかをチェックする(C)とは？

最適の教材・教具

授業をやってみた結果，作業学習活動場面で一人一人の生徒の「持ち味」が活き，作業学習目標が達成すれば，それは教材・教具の最適化がなされたことであり，作業学習内容通り作業学習活動ができたことの証である。逆に，今一つ「持ち味」を活かしきれていなければ，もう一度教材・教具の見直しと改善・工夫をすることである。

ここでは作業学習目標を達成するために，生徒の「持ち味」と工夫・開発し，選択した教材・教具の最適化をチェックするステップである。

(5) 新たな「持ち味」を発見する(A)とは？

生徒は常に変化をし，成長し続けている。それを見逃してはいけない。つまり生徒一人一人の変化・成長を通じて，新たな「持ち味」を発見することである。同じ教材・教具を使っていても，生徒の作業学習活動は常に変化していく。

指導者の思いもよらなかったことが次々に起こってくるものである。

	即ち「持ち味」が次々と現れてくるのであり，新たな「持ち味」の発見である。これらが見えてきた時指導者は感動する。授業の中で，一つの教材・教具をきっかけにして，生徒の光る姿や成長する姿が見えてくるのである。
新たな「持ち味」の発見	新たな「持ち味」の発見は，授業場面で一人一人の生徒が見せる姿や作業学習活動の姿を通じて，指導者が注意深くその一人一人の作業学習活動を観察し，とらえるところから始まる。そこから授業は変わってくる。 このように一人一人の「持ち味」を発見し，「持ち味」を最大限に活かした教材・教具を工夫・開発し，選択して指導，学習することができたら，授業の中で生徒たち一人一人が輝き，成長することは間違いないだろう。
一人一人が光り輝く	「個別に教材・教具を工夫した授業」とは，生徒一人一人の「持ち味」を発見するところから始まる。そして『P-D-C-Aの授業サイクル』を実践することによって指導者はもちろん，児童・生徒たちがきっと光り輝くことだろう。

3　K養護学校高等部「食品加工班」実践事例

食品加工班では「クッキー」をつくっている。
「クッキーづくり」の作業学習工程は，

  1　材料を計る
  2　生地をつくる
  3　生地の形をつくる
  4　生地を焼く
  5　クッキーを保存する

であり，これらの作業学習工程を分担してクッキーをつくっている。

＜実践例＞

◎手の力が弱いことこそTさんの「持ち味」

(1)　一人一人の「持ち味」を発見する(A)

Tさんの「持ち味」とは	Tさんに作業学習工程「2　生地をつくる」の中の「小麦粉をふるう」という作業学習内容を役割分担する。この作業学習内容では，粉ふるい器という教具を使う。粉ふるい器は，4本の指と親指を握る動作を繰り返すことで教具が動き出し，粉がふるえるという教具である。 この作業学習内容を活動する中で，Tさんはほとんど粉をふるうことができなかった。このTさんの作業学習活動をよく観察してみると，粉ふるい器がほとんど動いていない。つまりTさんの4本の指と親指が，粉ふるい器である教具を握れていないのである。この作業学習活動から，Tさんは，物を手で

第5章 教材・教具と授業づくり

握る力が弱いことがわかった。

　さらに手で握る力が弱いことを再確認するために，Ｔさんには，作業学習工程「3　生地の形をつくる」を役割分担する。この作業学習内容は，一定量の生地を台の上に載せ，両手で台の上の生地を台に押しつけながら転がし，生地を丸め，棒状の形をつくることである。

粉ふるい器

　早速Ｔさんにこの作業学習内容をやってもらうと，うまく生地を丸めることができなかった。ここでもＴさんは，両手で台の上の生地を押しつける力が弱いため，生地が転がらず，丸まらないのである。

　以上のように，作業学習工程「2　生地をつくる」と作業工程「3　生地の形をつくる」で見られた作業学習活動を通じて，Ｔさんの手の力が弱いことを発見することができた。

　まさにこれがＴさんの「特色」，つまりＴさんの「持ち味」の発見だった。

(2) 「持ち味」を活かすことのできる教材・教具を工夫・開発し，選択する(P)

Ｔさんの「持ち味」を活かす

　次にＴさんの「手の力の弱さ」を活かすことのできる教具の工夫・開発，選択である。

　作業学習工程「3　生地の形をつくる」の中でＴさんの「持ち味」を活かそうと，以下のような教具を工夫・開発，選択した。

【教具の説明】

〔教具1〕トレイＡ（磁石つき）
プラスチック製　縦28.5cm×横11.0cm×深さ1.0cm
通常の使用目的は，ペン置き
このトレイの底に作業台に固定できるようフェライト磁石2個をつけた。使用している作業台は金属製のため，磁石によってトレイを固定することができる。

〔教具2〕へら
プラスチック製　縦26.0cm×横15.0cm　取っ手がついている内装用ツールで，通常の使用目的は，パテ埋めなどに使われる。

67

教具1　トレイA 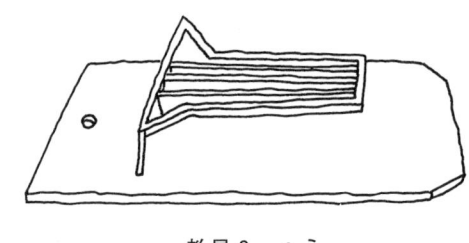　　　　　　　　　　教具2　へら

〔教具1・教具2の使い方〕
磁石で作業台に固定したトレイAの上に一定量（10ｇ）の団子の形に丸めたクッキー生地をのせる。
へらを両手で持ち，トレイの上にのせる。へらを身体の手前から，向こうへと動かしてトレイとへらの間にはさんだクッキー生地を転がす。
4・5回この作業を繰り返すと，中のクッキー生地は棒の形になる。これで新しいクッキーの形ができ上る。

ここで作業ポイントとなるのは，へらを動かす力を弱くすることである。へらを動かす力が強いと，中のクッキー生地はつぶれてしまい，棒の形にならない。できる限り弱い力でへらを動かす。つまり，Tさんの「持ち味」である「手の力の弱さ」がここで活かされるのである。

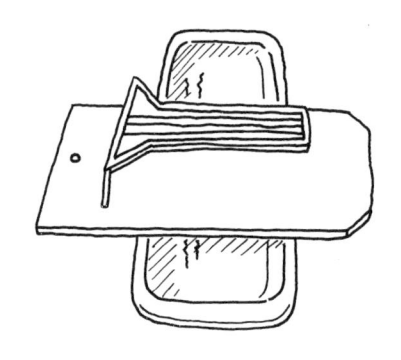

もちろん，上記の教具1・2にたどり着くまでには，いろいろな試行錯誤をした。

教具1と教具2の使い方

いろいろな試行錯誤

トレイ・へらははじめ，木製のものを考えた。木材は，適当な大きさ・深さに自分で調整できるからだ。しかし作業をする際に，木屑がクッキー生地に入り，失敗。素材としては，調理器具に多く使われるプラスティックやステンレスが適当だと選択した。

次に，トレイの大きさ・深さによって，仕上がりのクッキーの大きさが決まる。適当な大きさ・深さの物をいくつも買って，実際にクッキー生地を転がしてみた。トレイが深すぎると生地が転がりにくいので，薄いトレイを探した。しかし調理器具の中で探しても，なかなか薄いものはない。陶器のお皿などで

もやってみたが、やはり深さが適当でない。そして文房具用品の中から、やっとトレイAに出会えた。

次にトレイAを作業台に固定するのに、磁石がよいと思いつくのに時間がかかった。思いついてしまえば何のことはないのだが、毎回作業台から取り外して洗うことができ、作業中はしっかり固定する、という条件を満たすものが磁石だとは、なかなか気がつかなかった。はじめは、まな板を切ってトレイAをはさむようにしたり、マジックテープを貼りつけてみたりもした。

「持ち味」を活かせる教具

最後に、へらに出会ったのは何軒も回ったホームセンターだった。調理器具の中で適当なものは見つからない。何か応用できるものはないかと思いながら、店内をうろうろする。使えそうなものがあった!!

はじめは、鉄でできた壁塗り用こてを選んだ。しかしこれでは先がとがりすぎ、洗う時に指を傷つけてしまいそうだ。結局、プラスティック製のものが安全と、あちこち探し回った。

こうして何度も試行錯誤しながら、ようやくTさんの「持ち味」を活かせそうな教具が完成した。

(3) 工夫・開発し、選択した教材・教具を使って授業をする(D)

さあ、授業の日である。Tさんに作業学習工程「3　生地の形をつくる」ことを伝え、棒の形のクッキー生地を見せ、でき上がりのイメージを伝えた。教具を見せて、トレイの上でへらを動かし、使い方を説明する。Tさんはへらを指さしてうなずいている。教具に興味を持ってくれたようだ。

「持ち味」を生かす作業活動

Tさんを作業場所に連れていきトレイを所定の位置に固定する。そして、用意してあった10gの丸めたクッキー生地をのせる。へらを動かしてみる。手前から向こうへと、繰り返しへらを動かす。へらを上げると、先ほどまで丸かった生地が、棒の形に整えられ、トレイの上にでき上がっている。Tさんに見せる。Tさんはうなずいた。

さあ、いよいよTさんがやってみる。Tさんは緊張した顔でへらを握った。そして固定してあるトレイの前に立った。10gのクッキー生地を指さすとTさんはクッキー生地を手に取り、トレイの上にのせた。次に持っていたへらをクッキー生地がのったトレイにゆっくりのせ、動かし始めた。身体の手前から、向こうへと、繰り返しゆっくり動かした。「いいよ」と声をかけると、

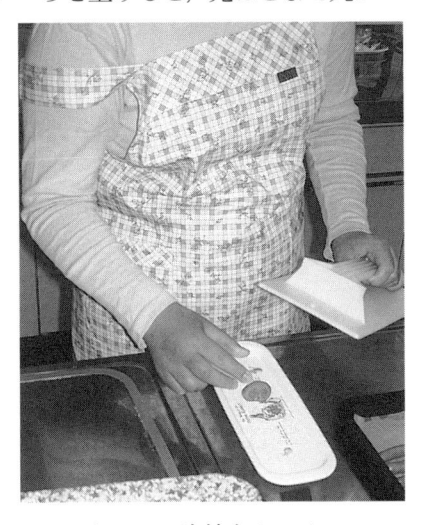

クッキー生地をトレイへ

へらをトレイの上へ　　　　　　　　へらをゆっくりと動かす

　Tさんはへらをトレイから上げた。トレイの上には，棒の形に整ったクッキー生地ができ上がっていた。「やった!!」Tさんの口元がゆるんだ。

　Tさんは棒の形になったクッキー生地を手に持って，しばらく自分で見つめた後，仲間に見せた。仲間たちは「わあー!!」と言った。Tさんは顔を赤くして，再びトレイの前に立ち，へらを持ち，10ｇに丸めたクッキー生地に手を伸ばした。Tさんの作業学習活動のはじまりである。

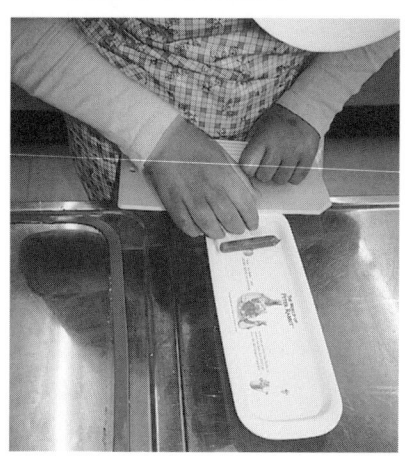

やった!!　棒の形になった

(4)　「持ち味」を活かせているかどうかをチェックする(C)

　Tさんは工夫・開発，選択した教材・教具を使って，見事な棒の形のクッキーを作り出していった。Tさんの「持ち味」が活きた作業学習活動で，クッキーがどんどんでき上がっていった。これは後に，形も作り方もおもしろいので，生徒が「おもしろクッキー」と名づけ，食品加工班の名物製品になった。

(5)　新たな「持ち味」を発見する(A)

Tさんの
新たな
「持ち味」

　Tさんに変化が見られ始める。指導者である私が予測もしないことをし始めたのである。それは，この教具を使い始めて1カ月が経った時のことである。Tさんは10ｇの丸めたクッキー生地をトレイにのせると，すぐにへらで転がすのではなく，その生地を親指と人差し指でつかみつぶし，それからへらで転がしたのだ。この丸めた生地を少しつぶすことによって，棒の形になりやすく，結局へらを動かす回数も減り，作業速度が上がったのである。

　Tさんは，教材・教具の使い方を自分なりに工夫・開発したのである。これはTさんのすばらしい学習効果であり，成長であった。

　まさに，Tさんの新たな「持ち味」の発見である。

第5章　教材・教具と授業づくり

4　最後に

一人一人の「持ち味」を発見するには

最後に,「個別に教材・教具を工夫した授業」を通じて感じたことについて述べる。

生徒たちはそれぞれ何かしら「持ち味」を持っており,指導者である私たちも,「持ち味」を持っている。そして生徒たちも指導者も一人一人がその「持ち味」を活かすことができたら,その瞬間,光り輝くはずである。そんなこと今更言わなくても誰でもわかっているかもしれない。

それなのに,授業現場で生徒たちが輝かないのはどうしてだろうか？

「持ち味」を活かした授業が行われないのはどうしてだろうか？

もう一度,生徒たちの視点に立って,目の前の生徒たちの「持ち味」を観察・発見することから始めてみようではないか。

授業サイクル

そして P-D-C-A の授業サイクルのステップを一歩踏み出すことによって,指導者であるあなた自身の「持ち味」を,授業の中で光り輝かそうではないか。指導者として,生徒たちの光り輝く姿を目の前で見られることは,指導者冥利であり,これ以上の喜びと感動はないであろう。

参考として,本文で使った

「作業学習工程」とは,物をつくる時の作業学習を進めていく順序。

「作業学習目標」とは,作業学習工程の中で知識・技能・態度を習得するねらい。

「作業学習内容」とは,作業学習目標を達成するための具体的な作業学習の中味。

「作業学習活動」とは,作業学習内容に基づいた実際の生徒の働き。

「持ち味」を活かす P-D-C-A の授業サイクルで用いた

　　（P）とは,Plan

　　（D）とは,Do

　　（C）とは,Check

　　（A）とは,Action　　　　　　　　　を意味するものとする。

第6章

授業記録と授業づくり

－授業記録から再び授業へ－

1 基本的な考え方

授業の過程

　学校教育の中核をなすのは授業であり，私たち教師はよりよい授業を目指して日々取り組んでいる。授業は，「設計→展開→評価」の過程を単位として，これが繰り返し行われる。設計の段階では，対象となる児童生徒の実態に基づいた目標の設定，その目標を達成するための課題の選定と学習活動の構成，個々の学習課題を達成するための様々な手だての検討等が必要となる。そして，このようにして作成される設計図ともいえる学習指導案に基づき，様々な配慮の下に実際に授業が展開される。展開された授業の結果については，授業後評価がなされ，その評価を踏まえて次の授業設計が行われ，さらに，展開，評価という過程が繰り返されることになる。

　私たちは，このような過程を繰り返しながら，よりよい授業，即ち，学習集団全体が，そして，集団を構成する児童生徒一人一人が生き生きと主体的に活動し，授業の中で目標を達成するような授業の創造を目指している。

授業の結果

　授業づくりにおいて，その日の授業を踏まえ，次の授業をよりよいものにするために欠くことのできないのが，今回の授業の結果，言い換えるなら，授業の中で見せる児童生徒の活動する姿そのものである。この活動の様子を様々な角度から分析，検討して評価することにより，次の授業に修正を加えたり，新たな活動を構成したりすることが可能となる。このようにして取り組むよりよい授業づくりの営みは，授業の質を高めると同時に，私たち教師の見方，力量を高めることにもなる。授業づくりにおいては，日々の授業の結果が重要な意味を持つのであり，その結果が記録される授業記録は極めて重要な資料といえる。授業記録をとることは次の授業づくりの出発点に立つことであるということもできる。

授業記録の方法

　授業記録の具体的なとり方としては，学習指導案に直接書き込んでいく方法や，ある一定の様式の記録用紙に記録していく方法，ビデオに収録する方法など，様々なものがある。例えば，研究授業を目的とした場合は，授業者とは別の観察・記録係を設け，その場で所定の記録用紙に直接記録していったり，ビ

第6章 授業記録と授業づくり

デオへの収録やカセットへの録音をしたりするのが一般的でよく行われている。しかし，このような方法を集団を対象とした日々繰り返される通常の授業の際に行うには，記録者の確保が困難であるだけでなく授業者への負担も大きく，とった授業記録を次の授業に十分反映させることは難しい。

記録用紙を使った記録

そこで，通常の授業の場合，授業後，あらかじめ特定の様式で作成されている記録用紙に授業者が記録していく方法が一般的である。この方法による授業記録は，その日の授業で観察した事実（結果）やその事実に対する評価，反省を記録するものであり，次の授業をよりよいものにするため，授業者自身が行うものである。授業者が記録することから，ビデオ録画などの方法に比べ，授業者の主観に基づくことにはなるが，実際に子どもたちと直接関わる当事者にしかとらえられない多くの情報を記録することが可能となる利点を持つ。また，授業記録には，授業者がどのような観点で子どもや授業を見つめ，どのようなことを大切にしようとしているのかが示されることにもなる。授業における子どもへの支援は，現実の子どもの姿に沿った発想と創造性を持って対応することが大切である。そのためには，教師の確かな子どもの見方，授業の見方が必要となる。この点で，授業者がとる授業記録は，授業者自身の子どもの見方，授業の見方を見直すための資料となり，子どもへの適切な支援について検討するための実際的で有効な資料になり得ると考える。

このように重要な資料となる授業記録ではあるが，日々行われるすべての授業において，授業後，毎回記録をとることは教師にとってかなりの負担となり記録することができない場合も考えられる。しかし，その場合においても，よりよい授業を目指す以上，前時の授業の様子を想起し，その結果をもとにした次時の授業設計がなされているはずである。何らかの方法で実際に記録をとることが望ましいが，仮に記録をとらないにしても，授業の結果を踏まえることなくして，次の授業をよりよいものにすることは不可能であるといえる。

授業づくりにおいて大変重要な意味を持つのが授業の結果であり，それを記録する授業記録であるが，記録用紙の様式に決まったものがあるわけではない。対象となる児童生徒の枠だけを設けたものから，いくつかの観点に基づいて記録するものなど，様々な形式が考えられる。その授業の特性や記録する目的，授業者や対象となる児童生徒の人数等，様々な条件を考慮し，最適な方法を選択し，その方法に基づいて記録していくことが必要である。

2 具体的なやり方

特定の授業記録用紙に基づいて記録する場合，どのような様式にするかが大

記録用紙の様式	きな問題となる。授業の内容や対象となる児童生徒を始め，様々な条件によってその様式が決まってくる。例えば，生徒一人一人について記録する観点を多く設け，あらゆる内容を授業後に毎回記録していくことは困難であるが，逆に，観点を設けないまま自由記述をすると，記述内容に一貫性がなく偏りが生じることになり，いずれにしても，次の授業づくりのために記録を有効に活用することは難しい。そこで，記録する観点をある程度絞り込み，必要な内容が簡潔に記録できるような形式を整えておくことが必要となる。授業後，毎回記録していくことを考えると，記録しやすいものであり，しかも，次の授業設計に直接的につながりやすく，利用しやすいものであることが望まれる。
記録用紙の様式例	表6-1は，筆者が所属する岡山大学教育学部附属養護学校（以下，本校と示す）で作成した授業記録用紙の様式例である。 　本校は，平成9年度から11年度まで，3年計画で「個が生きる授業づくり」という主題を掲げて共同研究に取り組んだ。研究では，研究の対象とした授業

表6-1　授業記録用紙の様式

高等部第　　学年　　授業記録　　単元名「　　　　　」　　月　　日（　：　〜　：　）

氏名	計画（設計）		結　果				考　察
	目標	手だてⅠ	生徒の活動	解釈・意図	手だてⅡ	生徒の変化	
○男	生徒個々の本時の目標を記入する。	生徒個々の目標を達成するための手だてを記入する。	授業の中で観察された本時の目標に関わる生徒の活動の様子を記入する。	観察された生徒の活動を，教師がどのように解釈し，次にどのようにしようと意図したのかを記入する。	意図に沿って，実際に行った具体的な手だてを記入する。	手だてを行った後の生徒の活動の様子（変化）を記入する。	授業の結果を踏まえ，本時の授業の反省点や次時の授業に向けての修正・改善点等について記入する。
○	←　授業前に記入　→		←－－－－　授業後に記入　－－－－→				
全体	集団の本時の目標を記入する。	集団全体に対する手だてを記入する。	全体としての流れや生徒相互のかかわり，環境，状況設定等について，本時における反省点や次時の授業に向けての修正や改善点等について記入する。				

について，毎回とった授業記録を集めて整理，分析することにより，授業における教師の支援の方法について検討することを目的の一つとした。

筆者の所属する高等部では，表6-1のように授業記録用紙の様式を定め，研究の対象となった授業について，単元を通して毎回授業者が授業後に記録した。なお，授業は複数の教師が担当していたため，複数の教師で情報交換しながら記録した。

この様式は表6-1のように以下の四つの観点に基づいて構成されている。
① 対象となる生徒一人一人と集団全体について，各々の欄を設ける。
② 授業の実施前に記述するものとして，個々の生徒と集団に対する「本時の目標」と，その目標を達成するための「手だてⅠ」の欄を設ける。
③ 授業を実施した「結果」として記述する欄の中に，個別については，授業の中で観察された生徒の具体的な活動の様子（「生徒の活動」），その活動に対する教師のとらえ方や指導の意図（「解釈・意図」），その解釈や意図に沿った具体的な手だて（「手だてⅡ」），教師の具体的な手だてを行った後の生徒の活動の変化（「生徒の変化」）を記述する欄を設ける。
④ 授業の結果を踏まえ，目標達成の程度や設定した目標の妥当性，手だての妥当性，次時の授業に向けての修正・改善点等について記述する「考察」の欄を設ける。

この様式に基づいて記録された授業記録の一部が表6-2である。

3 授業記録をとる際の留意点

本校では，作成された様式に基づいて授業記録をとる際，以下の点に留意するようにした。

(1) 結果の記録
- 授業の結果について，すべての事柄を記録することは困難であり，記録する内容を絞り込むことが必要である。そこで，授業の中心である本時の目標に関わる生徒の活動を中心に記録する。
- 生徒の活動については，教師が実際に見たこと，聞いたこと，感じたこと等を記録する。その際，考察の欄を設けたこともあり，できるだけ教師の感想等を含まないようにし，事実としてとらえられる生徒の活動を記述するように心がける。
- 複数の教師で授業を行う場合，できるだけ正確な内容を記録するため，指導した複数の教師で情報交換した上で記録する。

表6－2　授業記録（例）

高等部第3学年　授業記録　単元名「Ⅲ期の現場実習をがんばろう」

	計　　画			結　果
	目　標	手だてⅠ	生徒の活動	解釈・意図
A男	2カ所で行う現場実習について，各現場実習に関わる具体的な事柄を確かめていくことができる。	・個人別の記入表を用意し，そこに書き込んでいきながら，具体的な事柄について一つ一つ確かめていく。 ・参考資料として，現場実習先のパンフレットを提示する。	・二つの実習先を間違えて記入したり，現場実習とはかかわりのない事柄を書き込んだりしている。	・二つの現場実習先とそこでの内容を混同しているので正確に知らせる必要がある。 ・気持ちが不安定になったため，他の記入欄から先に記入し，落ち着いてから実習先を記入するようにしたい。
B女	現場実習で自分ががんばることや，必要な準備物等について考え，それらを書き留めていくことができるようにする。	B女が現場実習について自分で考えていく際の手がかりとなるよう，ビデオ録画映像や個人別の記入表，実習先の冊子等を提示する。	実習先の仕事内容について教師に質問する。	提示した資料を十分活用できていない。実習先で実際に面接した時のことを思い出してほしい。
〜	〜	〜	〜	〜
全体	現場実習の場所や仕事内容，準備物等の現場実習に関わる具体的な内容を確かめていくことができる。	前回の現場実習の際，通勤寮から実習に行ったB女の様子を録画したビデオ映像を視聴することにより現場実習に向かう気持ちを高めていきたい。 さらに，個々の記入表を使用し，実習先はどこか，いつから始まるのか，準備物は何か等について記入しながら確かめるようにする。その際の手がかりとしてパンフレット等を提示し，必要な情報を調べたり，知ったりすることができるようにする。		ビデオ映像をクラス寮に入って実習をした現実感を持つことは難個人記入表は，空欄できた。何を記入する

5月20日（11:00～12:10）

（展開）		考　察
手だてⅡ	生徒の変化	（評価）
・記入している実習先とは異なる正確な実習先を伝える。	・実習先を間違えて記入したとに気づき、気持ちが不安定になり、教師の説明を聞くことが難しくなった。	本生徒は今回2カ所で実習をすることになったため、一度に2枚の記入表を提示した。このことが二つの実習先を混同してしまい、教師の説明で自分が間違えたことに気づくと、気持ちが不安定になり、学習への取り組みも難しくなった。 　今後は、2カ所の現場実習先で実習することをきちんと説明した上で、記入表を1枚ずつ提示し、一つずつ順番に記入していくようにしたい。
・実習先以外の記入欄を示し、「どうやって行くの？」等の質問をしながら記入するように促す。	・教師の質問した内容のいくつかを記入したが、気持ちは不安定のままで、混乱した状態が続いた。	
面接の時に何を見たのか、実習先の方とどんな話をしたのか等について教師と話し合い、内容を確かめた。	面接時のいくつかの事柄を思い出し、それらについては記入表に自分で記入していった。	自分でいくつかの事柄を記入することはできたが、まだ現場実習に関する内容の理解や心構えは十分とはいえない。 　今後は、さらに詳しいパンフレット等を用意したり資料の説明を加えたりすることにより、自分で調べたり考えたりする学習を設定していきたい。

全員で視聴したが、その後の学習活動に効果を示したとは考えられなかった。前回の現場実習で通勤
B女にとってはイメージしやすかったが、他の生徒にとっては自分の現場実習とは結びつきにくく、
しかった。
を埋めていくことによって、何を書けばよいのか、何を知らなければいけないのかを意識することが
のかについては、教師の生徒個々に対する説明が必要となり、集団としての学習にはならなかった。

(2) 考察の記録

- 授業記録はあくまでも次の授業に生かすためにとるものであり，次の授業の目標や手だてを修正したり，新たな活動を構成したりすることにつながるような記述になるように心がける。
- 実際の生徒の活動をもとにしながら，複数の教師で協議することにより，生徒の活動を多面的にとらえ，できるだけ考察を深めるようにする。
- 生徒個々の考察をする場合，対象となる生徒の活動だけでなく，他の生徒の活動や集団全体の動き，授業の流れ等も考慮に入れるようにする。

4 実践例（授業記録から次の授業へ）

前述したように，私たちは，日々の授業において，学習指導案に沿って授業を展開し，授業後，その結果および考察を授業記録にとり，それをもとにして，次の授業を設計していく。

ここでは，そのようにして取り組んだ本校（岡山大学教育学部附属養護学校）の授業の一部を取り上げ，授業記録から次の授業につないでいる例について説明する。

本時の授業の概要

ここで取り上げるのは，本校中学部3年（学級生徒数6名，指導者2名）が実践した生活単元学習「そうめん流しをしよう」の中の授業である。本単元は，全8回（全21時間）の授業であり，本時は第6回（12・13・14時間）にあたる。本時の全体目標を以下に示す。（個別目標は省略）

1. そうめん流しの準備や片づけに，友達と協力しながら主体的に取り組むことができる。
2. 役割を交代しながらそうめん流しをして楽しむことができる。

また，主な学習活動は，

1. 準備をする（雨どいを長くつなぎ，台に乗せて傾斜をつける。ペットボトルを使って水を運び，桶にためる。そうめんをゆでたり運んだりする）。
2. そうめん流しをする（そうめんを流す役と食べる役を交代しながら行う）。
3. 片づけをする。

記録用紙の様式

本時，即ち第6回の授業後にとった授業記録の一部が表6-3である。中学部が作成した授業記録の用紙も前述した高等部のものとほぼ同様の様式であり，次のようになっている。まず，「目標」と「手だて」の欄を設け，いずれも授業前に記入しておく。「目標」については，できるだけ生徒の具体的な行動の姿として記述するよう心がける。そして，「結果」と「考察」の欄を設け，いずれも授業終了後に記述する。「結果」については，事前に立てた手だてに対

第6章　授業記録と授業づくり

する生徒の実際の活動の様子を記述する「生徒の活動」，なぜ生徒がそのような行動を起こしたのかという教師の推察としての「行動のとらえ」と，その行動のとらえに基づいたその場での具体的な「教師のかかわり」，そのかかわりを受けた「生徒の活動の変化」の欄を設ける。さらに，「考察」の欄を設け，目標達成の程度や目標の妥当性，手だての妥当性等に関する評価とその理由，次時への改善点等について記述する。これらの観点に沿って，「個々の生徒」と「全体（集団）」の各々について記述していくようにした。

本時の授業記録（Ｃ男）

まず，表6-3のＣ男を見ると，目標の中に「友達と協力しながら」という記述が見られる。これに関して，結果を見ると，教師はＣ男が他の友達と協力するような働きかけを行ったが，結局Ｃ男は1人だけで準備をしてしまった。このことについて考察の欄を見ると，授業者は，本活動の中には友達と協力する必然性のある状況がなかったと考えている。

また，Ｃ男の「継続して取り組む」という目標に対しても，自分がしている雨どいの組み立て以外のこと（水を流す）に興味が移り，継続した取り組みが見られず，それに対する教師の手だても十分な効果を示していない。

これらのことから，Ｃ男の目標達成は不十分であり，手だても妥当なものとはいえなかった。

次時の授業記録（Ｃ男）

このような本時（第6回）の次時にあたる第7回の授業記録の一部が表6-4である。第6回の授業記録をもとに第7回の授業設計が行われており，そのことを授業記録の中の目標と手だてに見ることができる。

表6-4を見ると，前述した第6回の反省を踏まえ，Ｃ男に対する目標や手だてが記述されている。まず，目標については，第6回の「友達と協力しながら」という表現を第7回では「友達に依頼されたことを理解して手伝う」というように，評価しやすいように具体的な姿として表現されている。

また，第6回の「継続して取り組む」についても，「雨どいの組み立ての完成まで」というように具体性を持たせている。また，第6回の授業で，Ｃ男がそうめん流しのための水を雨どいに流して楽しむことに興味が移ってしまったことから，第7回の授業では，準備している目的を明確に持たせることを意図し，「そうめん流しをすることを意識しながら」という目標を追加している。さらに，手だての欄を見ると，「雨どいを5本」というように継続して取り組むことの意味を具体的に示している。

本時から次時へ（Ｄ男）

次に，Ｄ男について見ると，表6-3の第6回の「友達と協力しながら」という目標については，第6回の授業では，1人だけで準備をするのが困難な場面があったにもかかわらず，友達に援助を依頼することができていなかった。このため，表6-4の第7回の授業記録を見ると「頼み方がわからない時には

表6-3　「そうめん流し」の授業記録　－第6回－

中学部第3学年　授業記録　単元名　「そうめん流しをしよう」

	計　画		結　果	
	目　標	手だて	生徒の活動	行動のとらえ
C男	友達と協力しながら，雨どいの組み立てや水運びなどのそうめん流しの準備に，継続して取り組むことができる。	・準備以外のことに気持ちが向いている時には，準備内容を再確認したり，具体的な準備を依頼したりする。 ・自分でできることを考えるよう促す。	友達に手伝いを頼むことなく，1人で雨どいを組み立てた。	友達に手伝いを依頼する状況がない。
			友達が水を流すと，それを見に行ったり，水に触ったりした。	興味の対象が準備以外のことに向いた。
			水を運んでくると，すぐ水を雨どいに流し，これを繰り返した。	そうめんを流すために水を運んできたということがわかっていないのかもしれない。
D男	友達と協力しながら，雨どいの組み立てや水運び等のそうめん流しの準備に主体的に取り組むことができる。	・1人でできないことは友達に協力を依頼するよう促す。 ・雨どいを乗せる台の高さを意識させることで，順につないでいくことができるようにする。	困ったこと（手助けしてほしいこと）があると，「誰か来て」と言って教師に助けを求めた。	友達には意識が向いていない。
			雨どいを2本だけつないで活動を終了した。	・そうめんが気になっている。 ・「高い方から低い方へ」ということはわかっているが，その調節の仕方がわからない。
全体	・そうめん流しの準備や片づけに，友達と協力しながら主体的に取り組むことができる。 ・役割を交代しながら，そうめん流しを楽しむことができる。	生徒一人一人がそうめん流しを楽しめるような時間と場を確保する。	・教師の行動を見て，すぐに準備に取りかかるしの場所になったが，各々の活動にはスムー ・そうめん流しをする場面では，役割の交代がである。 ・片づけでは，「～をする人？」と全体に尋ね	

第6章　授業記録と授業づくり

6月10日（10:00～12:10）

（展開）		考　察
教師のかかわり	生徒の活動の変化	（評価）
C男と一緒に活動しながら，友達と協力する仲介をしようとした。	教師が言ったことは1人でした。	・友達との協力が必要となるような状況が生じにくかった。 ・興味がそれることがあり，持続して雨どいをつないでいくことは難しかった。中断しても活動を再開できるような工夫が必要であった。 ・そうめん流しをすることはわかっているが，水を流すこと自体が楽しくてそれをやめられないと考えられる。
次に何をするのかを尋ねた。	「つなぐ」と答え，もう1本だけ雨どいを組み立て，中断した。	
「そうめん流しに使う水ですよ」と説明する。	雨どいに水を流し続ける。	
・「E男君に頼んでごらん」と促す。 ・D男君と一緒に活動し，友達と協力する仲介をしようとした。	・E男君に頼まず，その場を離れる。 ・教師が頼んだことは1人でした。	・手助けしてほしい内容はあったが，友達に依頼することができなかった。まず，教師がどうしてほしいのかを尋ねて確認し，その後友達にそれを伝える方法を具体的に説明することにより，D男も友達に依頼することができるのではないかと思われる。
・「どうしたの？」と尋ねる。 ・D男と一緒に低くなっている箇所を修正する。	・「つなぐ」と言って雨どいをもう1本だけつなぐ。 ・教師と一緒に修正した。	・雨どいを2本つないだ時点で準備が完了したと判断したのかもしれない。雨どいを長くすることの必要性や意味をとらえることができなかったものと思われる。

生徒もいたことから，早い段階で他の生徒も自発的に準備を始めた。また，役割の確認はそうめん流ズに取り組むことができていた。
スムーズにはいかなかった。全員が楽しめるように，スムーズに役割の交代をするための工夫が必要
ると，何度も手を挙げる生徒がいるため，一人一人に尋ねて確かめていく方がよかったと思われる。

表6-4 「そうめん流し」の授業記録 －第7回－

中学部第3学年授業記録　単元名「そうめん流しをしよう」6月15日

氏名	計画		結果（展開）
	目標	手だて	生徒の活動の様子
C男	・友達に依頼されたことを理解して手伝うことができる。 ・雨どいの組み立ての完成まで継続して準備に取り組むことができる。 ・そうめん流しをすることを意識しながら準備をすることができる。	・友達の呼びかけに気づかない時は，教師が仲介する。 ・雨どいを5本組み立てることと終点の位置を知らせる。 ・そうめんがゆであがったことを知らせる。	
D男	・困ったことを友達に依頼しながら，一緒に雨どいを組み立てることができる。 ・雨どいの完成まで継続して準備をすることができる。 ・流す役と食べる役を交代しながら，そうめん流しをすることができる。	・友達への頼み方がわからない時は，教師が仲介をする。 ・5本の雨どいを使って終点まで組み立てることを知らせる。 ・交代する回数を示す。	
全体	・役割を交代しながらそうめん流しを楽しむことができる。 ・協力しながら準備や片づけに取り組むことができる。		

　教師が仲介をする」という手だてに変更している。

　また，第6回の「準備に主体的に取り組む」という目標については，第6回の授業で授業者は，D男は雨どいを2本つないだだけで準備が完了したと判断していると推測している。そこで，第7回の授業では，「5本の雨どいを使って終点まで組み立てることを知らせる」という手だてを加え，どこまでつなぐのかを具体的に示し，準備内容の理解を促そうとしている。このような手だてを講じることによって，準備が完了するまで目的意識を明確に持って主体的に取り組むことができることをねらっている。

　このように，本授業では，生徒一人一人について，前時の授業記録をもとにしながら，次時の授業の目標や手だてに修正を加えながら授業を設計（計画）し，さらに展開している。

授業記録を生かして

　授業記録の次の授業への生かし方について，ここでは，生徒個々の次時の目標や手だてに関わる事柄について説明した。当然のことながら，個々の目標や

手だての他に，学習活動の構成や集団全体に関わる手だて等についても検討を加えるのであり，必要な場合には修正することにもなる。授業の結果を記述する授業記録は，次の授業を計画する際のもとになるものであり，この記述内容を踏まえることによってよりよい授業づくりが可能になる。したがって，授業内容や対象となる児童生徒の実態など，様々な条件を考慮し，その授業に適した授業記録の様式を考案し，それを十分活用した授業づくりへの取り組みが望まれる。

第7章

授業づくりと研究授業

－学習指導案の読み合わせから授業批評へ－

1 基本的な考え方

(1) 授業を研究するということ

　一般的に授業，即ち教育実践と，学校における研究活動をともすれば「別物」と押さえてしまう意識はないだろうか。「授業をすること」と「研究すること」について，私たちは本来的に両者は「一つのもの」と押さえて日々の研究活動をスタートさせている。日々の実践を深めるために講じている営みのすべてがそのまま研究（実践研究）なのである。「実践があっての研究」でも「研究のための実践」でもなく，「教育実践＝実践研究」ということである。

　少し具体的に，日常の授業場面に引き寄せながら考えてみたいが，それは授業を展開するにあたって「仮説的な見方」ができているか，子どもたちに対してそうした働きかけができているか，という点に集約されるように思われる。教師が働きかける中身について仮説や十分な吟味もなしに，子どもたちの後追いをしているだけでは実践とはいえないし，授業を決められたフォーマット通りに"こなしている"だけでも実践とはいえない。「こうしたらどうなるだろうか」「こうなってほしいからこう関わってみてはどうか」という考え方がそこに必要になってくるということである。事前にそうした意図（思いや考え）を持ち，次に行った取り組みを振り返り，検証的に吟味する。その際には独りよがりになったり，独善的な評価をしないために，みんなで，つまり教師集団で組織的に検討を加え，次の取り組みに結びつけていく。そうした一連の過程を大切にしたいと考える。

　まとめれば「日々の教育実践に，より精度や客観性を増していく過程」こそが「実践研究そのもの」であると考えている。逆に，こうした見方や考え方がない取り組みは，単に子どもたちと時間を共に過ごしただけで，そのような時間をいくら重ねても実践の充実はあり得ないし，教師として必要な力量はついていかないと考えている。

［側注］
教育実践
＝実践研究

(2) 滋賀県立北大津養護学校小学部が設定してきた研究活動の意図

実践を語る力を養う

　私たちは常々「自らの教育実践を客観的にとらえられる力量」をつけていきたいと願っている。私たちが研究活動を行う際の合言葉は「実践を語る力を養おう！」である。それを具現化する手だてとは何か。それを以下のように整理してきている。

・授業を組み立てる際に，子どもの実態を的確にとらえること。
・実態から正しく教育課題や個人課題を設定し，課題にふさわしい題材を選択すること。
・その題材を使った授業の中で適切な働きかけをしていくこと。
・実態のとらえ方，設定した課題，用意した題材，教師側の働きかけ等々についてていねいな検討を繰り返し積み上げていくこと。

子どもの課題にせまる授業づくり

　私たちはその方法が授業の研究にあると考え，それが1991年以来現在に至るまで継続している「授業研究」のきっかけになっている。従来から，授業の充実を図る上で「生の授業を見ること」「生の事実をとらえること」の大切さを痛感していたことも背景として大きいのだが，授業研究を通して「子どもの課題にせまる授業づくり」を目指し，同時に「授業の検討を通して子どもを見る確かな目を養うこと」にフィードバックさせたいと考えたわけである。研究の開始当初から京都教育大学太田正己氏を共同研究者として招いているが，氏の述べている「授業者の意図を汲み取った授業批評」をしていくことや，これまでの実践の到達点を踏まえた論議にしていくことを拠り所に子どもにつけてほしい力を展望し，そのためにどういう意図ある働きかけをし，それに対して子どもがどういう姿を示したかを教師集団で評価して次の働きかけを教師集団で展望する……そうしたサイクルを大切にしていきたいと考えている。

(3) 学習指導案の読み合わせ

研究授業参観のポイント

　授業研究を実施するにあたって，研究の場は，学級，学部，全校そして校外と多様にある。また方法論としても，学級の日々の検討をはじめ，実践の報告会，交流会，公開授業等々いくつかの場合が想定されるだろうが一般的には「研究授業の実施」と「授業検討会」だろう。本校小学部においても最も力点を置いている方法である。研究授業の際に学習指導案を片手にペンを走らせながら授業を参観する光景はよく目にするところだが，先にふれた授業研究にあたって大切にしている点，および太田氏の述べている「授業者の意図を汲み取った授業批評」に照らし合わせると，「事前にどれだけ学習指導案を参観者側が深く分析的に読み切れているか」が大きなポイントになる。"斜め読み"で教室に向かっても得られる物はない。

集団で行う

　そこで「研究授業実施前の学習指導案の読み合わせ」という手続きを近年は

特に大切にしている。いうまでもなく「読み"合わせ"」というからには参観者個人ではなく参観する側の教師が「集団で行う」ということである。当然意図的に始めたことなので，ある意味当たり前のことではあるが，この間学習指導案の読み合わせを行ってきて，その成果と思われた点を整理すると以下のようになる。

- 学習指導案を通して得られる授業者の意図の確認や，その解釈，疑問点の出し合いを通して授業を実際に参観する際の具体的な視点が確立される。
- その授業を検討，評価していく際に何が問題となるのか，何を問題とすべきかについて事前に予測が立つ。
- 学習指導案を読んだ自分なりの思いや意見が集団議論の中で検証される。
- 他者の意見を聞くことで新たな視点が生まれたり，発見がある。
- 授業検討会に明確な意見を持った主体的な参加ができるようになる。
- 授業検討会で感想レベルの意見や印象による批評が大幅に減る。
- そのことで授業検討会が充実する。限られた時間でも論点の定まった"かみあった"論議が可能になり，論議を深めやすい。それは即ち授業者にとっても，以降の授業を改善していく上での大きな指標となり，授業研究そのものの目的とも合致する。

等々があげられる。

　授業研究の一連の過程の最初の段階での重要なポイントである。精度の高い授業参観をすることは，授業を検討する上で必要不可欠であるし，それを成立させるための非常に重要な手続きと押さえておきたい。

2　授業研究の具体的な進め方

研究授業と授業検討会

　研究活動を進める際，そうした環境を整える校内的な組織体制が必要不可欠だが本校小学部の場合，授業研究の企画・運営は「学部教育課程検討委員会（構成は学部主事，全校教育課程検討委員，学部教育課程検討委員長，クラス長，クラス教育課程検討委員）」という学部内の組織が担っている。ここであらかじめ年間の研究授業の計画を立て，実施の段取り，事後の反省を行い，1年が終わった時点で年間の総括をして，必要な事柄を翌年に申し送っている。授業研究を進めていくにあたって，基本的に押さえているのは次の2点である。一つは，年に一度は各学級共に授業研究の機会を持つこと，もう一つは研究授業を行う学級は単元の前半と終盤に各1回ずつ計2回の研究授業と授業検討会を行うことである（過去にさかのぼれば，よりよい研究授業のあり方を模索する中で，例えば研究授業をする学級を固定して，その学級のみ年間数回の研究

授業を繰り返すといった方法も試行してきた経過がある。本章で述べてきた学習指導案の読み合わせの重要性が認識されてきたのも，こうした試行錯誤が少なからず背景となっている。即ち，研究授業を充実させる方策を練るうちに，やはり学習指導案の十分な読み取りが重要なカギであると思うに至ったということである）。一連の授業研究で2回をセットに考えていることについては，1回目の研究授業〜授業検討会で論議になったことが以降の授業にどう反映されたか，どのように該当学級で論議され，その授業がどう改善されたかを2回目の研究授業で公開し，その後の授業検討会で再度検討し合うという「流れ」を大切にしたいという思いからである。そして先にもふれた通り，研究授業や授業検討会をより充実させるために，近年は研究授業前に論議の場を持つことに重点を置いている。即ち各学級を単位とした「学習指導案の読み合わせ」である。これを通して授業者の指導意図を確認した上で授業を参観する際の視点を整理するようにしている。

授業研究の流れ

一つの学級の授業研究の流れを整理すると以下の通りである。

① 1回目研究授業の約1週間前を目処に該当学級から学部全教員へ該当学級での集団論議を経て授業担当者が作成した学習指導案と「授業者として検討してほしい点」を配布。同時に共同研究者へ送付。

② 1回目研究授業2〜3日前に該当学級以外の学級担任集団で学習指導案の読み合わせ。

③ 1回目研究授業当日。当日はできるだけ多くの教師が参観できるように該当学級以外は特別カリキュラムとして"思いきった"参観体制を組む。共同研究者来校。当日放課後にＶＴＲを利用しながら学部全教員による授業検討会。

④ 1回目授業検討会後。該当学級で授業検討会での論議の中身を再度検討，解釈し，以降の授業について再検討を加える。

　　　　　　　　－該当学級で継続して授業実践－

※通常一つの単元で20〜30時間（多い時で40時間）で計画をするため1回目の研究授業と2回目の研究授業は3〜4週間の間隔があくことが多い。

⑤ 2回目研究授業約1週間前を目処に該当学級から学部全教員へ2回目研究授業の学習指導案と「1回目の検討会を受けてのこの間の該当学級での論議の経過，授業の変更点」を配布。同時に共同研究者へ送付。

⑥ 2回目研究授業2〜3日前に該当学級以外の学級担任集団で学習指導案の読み合わせ。

⑦ 2回目研究授業当日。学部で参観体制を整えて授業参観。共同研究者来

校。当日放課後にＶＴＲを利用しながら学部全教員による２回目の授業検討会。ここでは１回目の授業検討会を受けて、その授業がその後どう改善されたかを中心に検討。

⑧　単元終了後に該当学級でその単元の「まとめ」（本校では"実践のまとめ"と呼称している）を作成。その単元のねらい、題材、学習計画、授業展開等々の評価、児童の個人課題の妥当性や様子の評価、その単元全体を通して得られた知見、翌年に向けて申し送るべきことを整理する。

3　授業研究を進めるにあたっての留意点

各教師の共通理解

(1)　学部の教育課程全体に対して教師間で共通理解が図られていること

　一連の授業研究を進めるにあたって、学部の各教師が「自分の担当する学級しか見ていない」あるいは「見られていない」状況では研究活動は成立しない。個々の教師が学部の教育課程全体を見渡して、教育目標や集団編成の原理、教科・領域の編成、各学級の教育課題、各学級の実践上の課題、日課、その時々の授業の概要、児童の実態等々について常に共通理解ができていることが前提となる。

　これらは４月早々から先の学部教育課程検討委員会が中心となって「教育計画」の作成に取りかかり、学部全教員で論議を練り上げながら完成させていく一連の流れの中で共通理解を構築していくようにしている。ちなみに「教育計画」は教育目標、児童の実態、集団編成〜学級編成、週時程表、教科・領域表、各学級の概要と年間計画、研究活動等々の項目で構成しているものである。また、その時々の授業のあらましや各学級の実践上の課題についての意見交換は月２回程度設定している学部教育課程検討委員会の場で行うようにして、その場で問題点を整理したり、今後に向けての方向性を論議している。そこでの論議の中身は学部教育課程検討委員会のメンバーであるクラス長が各学級に持ち帰り、その他のメンバーに報告するといった手だてで学部全体で共通理解が図れるようにしている。

(2)　研究の意図・趣旨が共通理解できていること

　同様に、自分たちの実践の充実を図る上で、その方法論として「なぜ授業検討を切り口にしているのか」の理解が欠かせない。この点の理解が十分でないと、授業担当者にとっては研究授業を「させられている」かのような気持ちに陥ったり、自分の授業を検討会で「監視されている」あるいは「非難の場にさらされている」かのような意識になってしまうかも知れない。「教師集団の力を最大限に活用しながら、一つの授業を練り上げている、そしてその営みが個々

の教師の指導力を向上させている」という構図の理解が得られなければ，主体的にこの研究活動に参加していくことができなくなってしまうだろう。この点についても先の「教育計画」作成時に「研究活動」の項目で研究活動の意図，具体的な活動予定の項を起こして確認するようにしているところである。また，学部，学級の日常の運営の中でも機会をとらえて話題として取り上げ，意識を高めるように留意している。

(3) 「授業の見方」そのものについての学習ができていること

授業の見方については，日常の実践や他者の授業を参観する経験の積み重ねの中で自然に構築される部分もあるのかも知れないが，個人まかせでは決して効率的ではない。本校においては本格的に授業研究に取り組み始めた頃から，前述の太田正己氏を講師に迎え，授業の見方や授業研究の方法論について学部として組織的に学習会を持ってきた経過がある。学校である以上，異動に伴う教員の入れ替えは避けられないところであるが，そうした中でも授業の見方について一定の水準を維持するために，近年では学習指導案の読み合わせの際に氏の著書の中から授業を参観する上で参考になると思われる部分を抜粋して紹介し，新任転任の教師を巻き込みながら学習をして，継続性と水準の維持を目指しているところである。

4 実践例（授業づくりの例）

ここでは1999年の2学期に小学部1組（認知発達面で乳児期後半以降の段階にある1・2年生10名，知的障害肢体障害合同で編成）で自作の大型遊具（リヤカーをベースに制作した回転式シーソー：92頁イラスト参照）を使って実施した「一緒にあそぼ！メリーGO！ラウンド」という単元での授業研究の過程を紹介する。「2 授業研究の具体的な進め方」で記述した授業研究の流れの①～⑧に関連する資料すべてを紹介すると膨大な量になってしまうことから，本章の趣旨である「学習指導案の読み合わせ」と「授業批評」に関連の深いと思われる以下の4項目のみを紹介したい。

なお，ここで紹介するすべての資料について児童個人に関わる記載は一切省略してある。

(1) 「1回目研究授業の学習指導案」および「研究会で論議したいところ」
(2) 研究授業実施学級以外の学級（ここでは2・3組）での学習指導案の読み合わせによる意見交換の記録
(3) 研究授業当日放課後の授業検討会で出された意見・質問・助言の記録
(4) 2回目の研究授業，授業検討会の資料「1回目の授業検討会で受けた意見

に対する1組のコメントおよび授業検討会を受けて以降授業を変更した点」
 ⑴　「1回目研究授業の学習指導案」
小学部1組学習指導案／1999年11月16日（本時18回／全41回）
　［1］教科・領域名　学習Ⅰ
　［2］単　元　名　『一緒にあそぼ！メリーＧＯ！ラウンド』
　［3］対象児童　1年生男5名女3名，2年生男1名女1名計10名
　［4］教　　　師　<u>MT</u>／KY／KK／KE／YH／MY／MT　7名
　　　　　　　　　　　　　　※<u>ー</u>…この単元の担当教師・中心指導の教師
　［5］単元設定の理由

人との関係をつくる	1組は，1・2年生の入門期の集団であり，まずは学校生活に慣れて働きかけをしっかり受け止めていく基盤をつくる大切な時期だととらえている。認知発達的には10カ月前後以降の子どもたちであり，人が働きかけているものの自分1人の世界で楽しんでしまったり，自分の中に思いはあるものの外に気持ちを表すことに弱さが見られ「人との関係をつくる」ことが課題となる。
「楽しい」思いを育む中で	そこで学習Ⅰでは，子どもたちが受け入れやすい"体幹に働きかける題材"を取り入れ，空間整理された教場で一定期間，教師と一緒にじっくりたっぷり行い，子どもたちなりに「楽しい」という思いが育まれるような取り組みを設定している。「楽しい，もっとしたい」という思いを抱くことで，前にいる教師や教師のしていることに気を向け，提示されたモノに対して「おや，何だろう？」と視線を向けたり耳を傾け，教師からの働きかけを受け止め，やりとりをするという「人との関係をつくる」ことにつながると考えている。そして，この入門期でつけた力がいずれ要求（思いを伝える力）や意欲（抵抗を乗り越えて自分の思いを達成する力）につながると考えている。
子どもたちにつけさせたい力	本単元では，「揺れ」で体幹に働きかける大型遊具を題材にした。大型遊具を取り入れたことは，①大きくて見やすく，子どもが視覚的に何をするのかがわかりやすいこと，②安定した姿勢を獲得できた上で体幹に働きかけられた時に揺れを楽しむことができること，③教師が大きな揺れ，小さな揺れ，止まるという揺れの変化をつけることができること，④子どもが自分1人で動かすことができないという点で動かし手である教師や誘いかける教師を気にしなければならないこと，という入門期の子どもたちにとって，つけたい力にせまれる要素が含まれていると考えるからである。
魅力的な題材	今回は，1学期のびわこタワー（※本校近隣の遊園地）の校外学習で見せた子どもたちのよい表情をもとに回転式シーソーを制作した。このシーソーは，上記の要素に加え，子どもたちがこれまでに経験していない垂直上下運動をしながら回転するという複合的な動きをつくり出せること，子ども同士もしくは

教師と対面になることで手を振ったり声かけができることが加わり、子どもたちにとってはより魅力的な題材であり、教師と関係をつくりながら「楽しさ」を生む学習になると考えている。

　学習の展開上、じっくりたっぷりという点で、常にシーソーに向かってくる子や乗りたいという思いを持っていると判断した子には、あえて「待ち時間」をつくり、次への期待感を膨らませるような設定も必要だと考えている。

　また今年度の集団は、教師に対する気持ちの向け方、題材に対する気持ちの向け方についての課題、評価とする視点に幅があるが、学習展開上の工夫や個別の配慮で個々の課題に近づけていきたい。

［6］単元のねらい
○シーソーに乗ることで、楽しい思いを膨らませる。
○教師のすることや提示するシーソーに気を向ける。
　※学習Ⅰの年間ねらい
○活動をじっくりたっぷりする中で「楽しい」という思いを膨らませる。
○活動を一緒にする教師に気づく。
○教師の提示する事物に気を向ける。

［7］学習指導計画
1999年10月18日（月）から1999年12月17日（金）　　　　全41時間
第一次：シーソーの動きを楽しむ（垂直上下運動）　　　　10時間
第二次：シーソーの動きに回転を加えた動きを楽しむ（垂直上下運動＋回転）
　　　　　　　　　　　　　　　　　　　　　　　　　　31時間

一次と二次のねらい

　※一次〜二次のねらいの変化については一次の学習では、たくさん乗ることで題材に慣れて楽しむことがねらいであり、二次の学習では「この乗り物は楽しい」とわかった上でたっぷり乗り、楽しんで思いを膨らませることがねらいである。入門期の学習としては、楽しさを積み重ねることを大切にしたいので、一次と二次でねらい自体の変化はさせない。

［8］学習の流れ（○はこどもの活動／☆は個人の活動／A〜Jは児童名／Tは教師）

時　間	活動内容	指導上の留意点
10：50	○HRから105学習室へ移動する ☆D／A／E／Bバギー　　　4T 　I／E／C／H／F／J徒歩　3T	・学習の歌を歌いながら、実態にあわせて移動する
10：55	○はじめの挨拶をする ☆当番の合図で挨拶をする ○　教師やシーソーに注目する	・「これから始めます。礼」と言う ・シーソーにかけておいた布を取り期待感を持たせながら提示する

○ 教師の声かけでシーソーに乗る	・間をとりながらシーソーに誘う。誘い方は子どもの様子を見ながら呼名や自分から向かって乗るように臨機応変に対応する ・子ども付のサブTが席から送り出し，シーソー付のサブTが乗降を行う ・シーソーの歌を歌う
○ シーソーの動きを楽しむ／感じる	・動きの繰り返しや緩急の変化をつける（言葉で教師とかかわりが持てる子どもに対しては，期待感を持たせながら動きの変化をつけ，表情の変化で教師が様子をとらえる子どもに対しては，教師が様子を伝えあいながら変化をつける）
○ 乗り終えたら次の誘いがあるまで椅子に座って待つ ○ 終わりの挨拶をする	・シーソー付のTが子どもを送り出し，子ども付のTが椅子に座るように促す ・「これで終わります。礼」と言う
☆当番の合図で挨拶をする。	・HRに戻る

[9] 場面設定と準備物

(105学習室)　廊下側

メリーGO！ラウンド

子ども待機場所

[準備物]
○ 「メリーGO！ラウンド」：1
○ セーフティーマット：2
○ 提示用の布：1
○ 箱型手作り椅子：5，椅子：4
　「メリーGO！ラウンド」の大きさ
　　・長さ　361cm
　　・幅　　74cm
　　・人数　子ども6人乗り

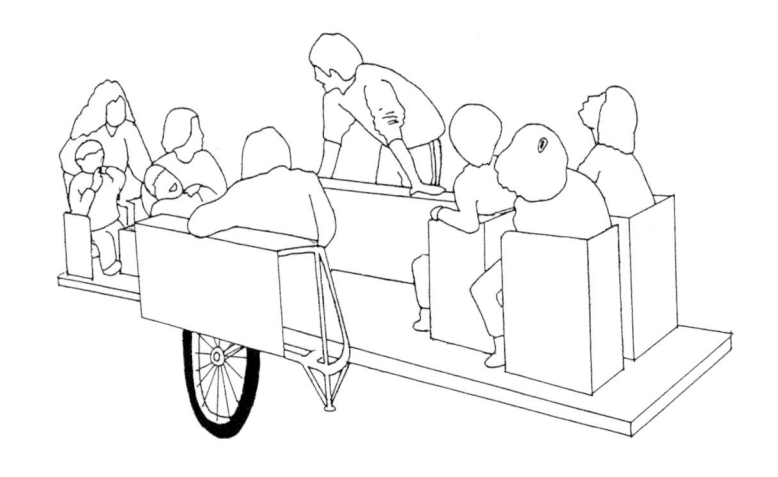

[10] 子どもの課題とこれまでの様子・評価（略）
●「研究会で論議したいところ」

| 評価の視点 | 学習Ⅰのねらいは「活動をじっくりたっぷりする中で、楽しいという思いを膨らませる」「楽しい活動を一緒にしてくれる教師に気づいたり、教師の提示する事物に気を向けたりする」である。そこで、日々の実践の反省・記録やまとめについて論議をしている時に問題となるのが、子どもたちがどれだけ楽しめているのか／楽しいという評価の視点をどこでとらえるのかということである。現在の所は、①学習で働きかけられたことに対して／遊具の揺れに対しての笑顔（生理的な快／感覚運動レベルの心地よさで表現する子どももいる）、②学習時間外に「ガッタンする？」と教師に聞いたり休み時間に１人で乗りにいっている姿も楽しんでいるという評価の視点としている。こういう視点がどうなのかということについて意見をお聞かせいただければと思っている。

(2) 研究授業実施学級以外の学級（2・3組）での学習指導案の読み合わせによる意見交換の記録（抜粋）

○[5] 単元設定理由に関わって

課題をわかりやすく
・「人との関係をつくる」ことが課題とあるが、１組ではもっとかみくだいた課題として挙げた方がよいのではないか。意図は理解できるが、観点が大きすぎるのではないかと思える。
・垂直上下運動とあるが、「垂直」と「上下」は同じことなのでは。そこに違いを出して言葉を使い分けているのであれば、それだけ"揺れ"の教材研究がなされているということになるが意味としては理解しにくい。

○[6] 単元のねらいに関わって

ねらいの関係性
・「シーソーに乗ることで、楽しい思いを膨らませる」「教師のすることや提示するシーソーに気を向ける」とある。この二つのねらいの関係はどうか。順序があるのかそれとも並列のものなのか。3組での取り組みと関連させながら、「気を向けること」について検討を深めてみたい。

課題をていねいにとらえる
・「気を向ける」→「何だろう」→（一緒にやってみる）→「おもしろい」→「(たっぷりやって)楽しい」といったように「気を向ける」ことがまず最初にあるのではないだろうか。1組の重点課題の一つである「気を向けること」についてはていねいに見ていくべきである。上記のような表記に止まるなら、ねらいへの迫り方や手だてについての話がどこまで深められているか聞いてみたい。

○[8] 学習の流れに関わって
・「間をとりながらシーソーに誘う」「臨機応変に対応する」等々の文言があるが、3組でも「やりたい人は（いませんか）？」といった誘い方にならない

子どもを見る目	ように留意している。「本当に子どもたちはやりたがっているのか，思いは膨らみ，強まっているのか」といった吟味をしている。そのために，表情が変わったり，視線の向け方が違ったり，身構えたりといった様子の変化をとらえることが教師側に必要とされていることを常々話している。つまりは，こちらにどれだけ「子どもを見る目」が培われているかといった点に集約される。「子どもを見る目が培われているか」を一つの視点にじっくり当日の授業を見てみたい。
教師集団の機能	・1組の段階であることから，気持ちを何らかの形で表出すれば，それを大人がすんなりと受け止めることを基本にすることで思いが膨らむことにつながるのであろう。しかしながら，子どもによっては，乗れずに待つ場面もでてくるだろうし，あえて待たせて焦らしてみることもあるだろう。その時々のフォローとして，教師，特に中心指導の教師だけでなくサブの教師のウェイトが大きいと思われるが，どのような声かけをして，"次"まで気持ちを持続させようとするのかといった対応が大切になってくるだろう。教師集団がどのように機能しているのか，できているかも視点として授業参観したい。
記述の多様性	・「シーソーの動きを楽しむ／感じる」→「期待感を持たせながら動きの変化をつけ～教師が様子を伝えあいながら変化をつける」についても上記と関わるところであろう。個々の子どもによって，それぞれ感じ方や表し方は違う。そのことについては，［10］の「子どもの課題とこれまでの様子・評価」に記載されている通りだろう。それらを指導案の中に入れてしまうと繁雑な資料になってしまうのかも知れないが，あまりにも記載があっさりとしたものになっている。子どもたちがどのような反応をするのかいろいろと想定した上での記述がもっとされていてもよいだろう。 ・「動きを楽しむ／感じる」部分での教師間のやりとりは大切だと考えるが，どのようにされるか興味がある。

○［10］子どもの課題とこれまでの様子・評価に関わって（略）

(3) 研究授業当日放課後の授業検討会で出された意見・質問・助言の記録

司会　：まず，授業者からコメントがほしい。

授業者：今回で18／41回目の授業。普段，学級で子どもたちは本当に楽しめているか，展開で改善点がないかがよく話題に挙がっている。参観してもらっての多くの意見がぜひほしい。

司会　：まず，自由に質問を出し合いたい。

KN　：子どもたちの個人課題の欄で「教師に気を向ける」と多く書かれてある。実態によっていろんな段階があるかと思うが，そのあたりはどう解釈しているか？　中心に授業を進める教師とサブの教師の連携についてはどう

配慮しているか？
ＫＩ　：話し言葉で教師とやりとりできる段階の子どもたちへの配慮が見ていてわかりにくかったがどうか？　以前は（広い）音楽室で授業をしていて今回はせまい105学習室に変更している。違いはどうか？
ＴＮ　：揺れの作り方はどう配慮しているか？
ＢＨ　：単元のねらいの"重点"はどこにあるか？
ＫＦ　：遊具に乗せる時にどう工夫しているか？
ＮＴ　：単元の最初から遊具に乗るのを嫌がる子どもはいなかったのか？
ＮＫ　：乗っていない子どもたちの待ち席（待機場所）は明確である必要があるように感じたがどう押さえているか。
ＨＭ　：待ち席（待機場所）の子どもたちが次に向けてどう気持ちを高めるかがポイントに感じたが，誘いかける時の基準について何か考えていることはあるか？
司会　：授業者か該当学級から回答，意見がほしい。
授業者：「教師に気を向ける」の中身は個人課題の欄に個別に書き分けたつもりだが読みとれなかったら反省点。広い音楽室から105学習室に場所を変えて，空間が整理され子どもたちは遊具に集中しやすくなったと評価している。揺れについては，試行錯誤したが上下動だけでは心地よくなかった。回転を入れることで様子がどう変わるか教材研究している。乗せる時にどう工夫しているかについては，子どもの実態に応じて大きく揺れる場所（外側），小さく揺れる場所（内側）と配慮している。この単元では遊具に最初から乗るのを嫌がる子どもはいなかった。待ち席に関しては子どもたちにとっての遊具の見え方の問題と，子ども同士の普段の関係を考慮して決めている。何を基準に誘いかけるかについては，個々の課題によるが基本的に誘いかけに何らかのアクションがあればすぐに要求を拾う子と，あえて待たせる子どもという意識はある。
司会　：以降の論議を「揺れ」と「子どもたちにとっての楽しさ」に絞りたい。
ＭＳ　：子どもたちにとって楽しむためには安心感，安定感が不可欠で，そのために姿勢の問題の検討と例えば教師が一緒に乗って直接的に子どもたちの反応（身体の緊張具合）を拾うこともっと検討すべきだ。
ＫＫ（授業学級）：今回の遊具は基本的に出てきた要求をすぐに拾うこと，極力待ち時間をつくらないことを大切にし多人数が一度に乗れることを念頭に製作した。姿勢の検討は十分にできていないところはある。教師が一緒に乗ることは検討したが，教師数の問題から限界がある。

OM（助言者）：教師とのかかわりについては以前から論議を重ねてきたところ。遊具の動かし手としての教師と，授業を進める中心指導の教師とのかかわりがどうであったのかを話し合って，「揺れ」の検討に入ってはどうか。
司会　：教師のかかわりによってねらいである「気を向ける」の様子も変わってくる。意見を。
授業者：今回の授業では基本的に子どもだけが向かい合って乗っているので教師が関わりにくい面がある。
KF　：子どもに向かい合う位置で遊具を動かしているサブ指導の教師の役割が大きい。そのサブ指導の教師の感じた様子をその場で中心指導の教師と連携し合うことが大切になってくるのではないか。
KY（授業学級）：その点は教師間で確認しているが，実際なかなかやりきれていないところだ。
KI　：待ち席の子どもたちの対応を考え直して，もっと一緒に乗ること，その教師がもっと子どもと関わることを目指せないものか。
KY（授業学級）：待ち席の子どもたちはまだまだ気持ちが途切れやすい中で，そこに対応する教師を減らすことは考えにくい。
OM（助言者）：学習Ⅰの年間のねらいの中で「活動を一緒にする教師に気づく」とあるが，ここでいう「教師」とは誰か？
KY（授業学級）：必ずしもこの単元でいう「一緒に乗る」というような直接一緒に活動している教師を指していない。展開の中でいろんな場面があるので，その場その場で気持ちが向けばよいと考えている。
OM（助言者）：今回の設定で一緒に乗ることをしなかったのはなぜか？
YH（授業学級）：子どもたちの実態から「一緒に乗って楽しさを感じ合う」のは難しい。まずは「遊具自体を楽しんで」その後で教師の存在に気がつく……そんな段階ではないかと考えている。
授業者：ここまで論議された点が指導案の中に書き切れていない点は反省。今はとにかく遊具自体をどんどん楽しむことに重点を置きたい。詰めの甘かった点は継続して検討したい。
OM（助言者）まとめ：引き続き検討を。授業の展開が若干早かったように思う。遊具に乗っている場面で「早くー」と声を出していた子どもがいたが，結局ゆっくり動かしている場面もあった。自分の思いが動きに反映される実感を持たせることも思いの膨らみにつながるので視点として押さえておく必要はあるだろう。

(4) 2回目の研究授業，授業検討会の資料「1回目の授業検討会で受けた意見に対する1組のコメントおよび授業検討会を受けて以降授業を変更し

　　　　　　　　た点」
　　　① 1回目授業検討会を受けて授業を変更したところ
　　　　　○ 中心指導の教師とサブの教師の連携
　　　　　○ 学習における間のとり方
　　　　　○ 揺れの質
　　　② 1回目授業検討会での論議を受けて1組でその後論議したこと
・［6］単元のねらいで「気を向けるというと行為レベルで幅がずいぶんあると思うがどのようにとらえているのか」という指摘があったが，題材提示の際に提示する教師や題材をじっと見たり，「おいで」の声かけで教師や題材に向かったりすることで評価する子どもと，呼名に対して教師と視線が少しでもあうことで評価する子どもがいる。気を向けるという部分をどこまでねらうかは個別課題になるので，学級でていねいに論議し，個々の子どもの評価をしていきたいと考えている。

・「単元の二つのねらいは，どちらに重点を置いているか」の問いについては，「楽しい」という活動をじっくりたっぷりするからこそ，それをしている教師や題材に気を向けるということであるが，二つのねらいでセットという側面もありどちらか一方に重点を置いているということはない。

教師の題材への入り方

・「教師と一緒に乗るという視点はなかったのか」について，授業展開を考える際に，「題材の中にどのように教師が入っていくのか」ということは常に話題になることであった。過去実践してきた「ブランコ」や「台車」の授業も同様だが，隣で一緒に乗ることで楽しさを共感することは難しいのではないかという押さえをしている。そこで，正面からの声かけやタッチをすることで教師の方を見て手を振り返したり，題材自体の動きに変化をつけることで「あれ？」と動かしている教師の方をフッと見ることで，教師に気を向けている（＝題材に人が入っている）ととらえている。この学習では教師と一緒に傾く場面や，回転する中で教師とタッチする場面，「メリーＧＯ！ラウンド」がピタッと止まる場面で，子どもたちが楽しいという思いを抱きながら"気がつけばそこには教師がいた"という学習でありたいと思っている。

物理的理由

　もう一つ積極的に教師が一緒に乗っていない理由は，本遊具は教師が乗ると非常に重く，動かすことが難しいという物理的な理由があることも否めない。ただし，隣に乗ったことで子どもの表情をよりていねいにとらえられることや，よりよい題材への人の入り方もあると思われるので，今後論議を重ねていきたい。

　「楽しめる前提条件としての姿勢の安定」という観点からは，遊具の制作当初シーティングシステムの取りつけも考えたができなかった。姿勢の安定は大

	切にしてきたものの，迫り方が弱かったと反省している。今後，この種の遊具の制作時には，この点は大切に考えていきたい。
中心教師と サブ教師の 連携	・「授業展開の中で中心指導の教師とサブ教師の連携はどのようになっているのか」の問いについては反省が残っている。指導案作成時でも普段の学級の話し合いでも認識していたが，働きかけによって子どもがどんな様子をしたのかについて中心指導の教師とサブの教師で連携や意思の伝達が弱かった。この点は， 　・待ち席の教師が待機している子どもに対応していない時は乗っている子どもへのタッチや声かけをする。 　・子どもの様子を見てもっと積極的に中心指導の教師に伝える。 　・遊具を動かしている教師も（"動力"と割り切らず）対面している子どもの様子を伝えるようにする。 ように改善した。
6人乗り	・どの子を乗せて，どの子を乗せないのかをどのように決めるか。乗って楽しいという思いの膨らみと，乗れない（待つ）こととの関連をどうとらえるかについて論議をした。10人の子どもたちに対して遊具が6人乗りということで試行錯誤している。学習の前半期間（一次）は一定回数を全員に保障したかったので「ゆるやかな揺れが楽しいだろうととらえている子ども」と「早い揺れや傾く刺激を楽しめる子ども」で大きく分けてきた。後半期間は，中心指導の教師の「おいで！」の声かけで誘う場面と呼名で誘いかける場面を設定している。意図的に待たせることで次に乗った時の表情がとてもよいのでこういう設定をしている。また，間が空くことで思いが途切れてしまう子どもについては席に戻らずに継続して乗るという工夫をしている。

第8章

授業づくりとVTR分析

－学習内容とVTR分析－

1 基本的な考え方

授業改善

　生活単元学習・作業学習等の「合わせた指導形態」をとる授業では，活動を通した学び方を重視する。授業者は，児童生徒一人一人の意欲的・主体的な活動を引き出し，その活動が結果的に本時の目標（ねらい）に到達するように，授業を計画，実践する。

　ただし，授業者は常に授業計画を忠実に実行しているわけではない。むしろ多くの場合，授業を行う過程で，児童生徒の活動に応じて当初の計画を修正している。児童生徒の活動を見つめ，その意味を的確に判断・評価し，直ちに次の授業展開に反映させる。学習－指導の内容や方法を練り直す場合もあれば，児童生徒に肯定的な評価を返すと共に次の課題提示へと進む場合もある。

　授業改善（授業づくり）とは，このように，授業展開の過程で児童生徒の活動を評価し，その評価に基づいて行うダイナミックな営みである。授業終了後に行う授業全体に対する総括的な評価や児童生徒一人一人について行う総合的な評価も，次の授業を創る上で大切である。しかし，それも授業の過程で目にする児童生徒の活動に対する適切な評価があってこそ，次時の授業に有機的に結びつく評価になりうる。

授業展開の過程で行う評価－活動の中に学びを見抜く

　授業改善に有機的に結びつく評価とは，児童生徒の活動の意味を的確にとらえ，活動の中に学びを見抜くことである。

　児童生徒の活動（姿勢・視線・表情なども含めて）はすべて，興味・関心・意欲・態度・思考・判断・知識・気づき・理解などの運動・動作レベルでの表現である，と考える。

　授業者は，児童生徒のありのままの活動を，詳細に，かつ多面的に見つめ，それに基づいて児童生徒の活動の意味（上記のどのようなことの運動・動作レベルでの表現である）を解釈し，彼らが活動を通してどのような内容を学んでいるのかを的確に評価するのである。

授業者に求められる力

　このように考えるならば，児童生徒一人一人に応じた授業づくりを目指すために，授業場面で授業者に求められる力は次の3点である。

VTR記録の活用

- 児童生徒の活動をじっくりと，詳細かつ多面的に見つめる姿勢。
- 児童生徒の活動の意味を的確に判断・評価する力。
- 授業の過程における評価内容を直ちに次の授業展開に反映する力。

こうした力を養う上で，VTRによる授業記録の活用は有効な方法である。数名でVTRを視聴すると，自分が気づかなかった視点や児童生徒の活動に対する評価の仕方を教わることができる。しかしながら，VTR視聴は早送りしない限り本番の授業と同じだけの時間がかかる。気になる場面を繰り返し視聴するには数倍の時間を要する。さらに，VTR記録は撮影者の授業を見る眼が問われる記録でもある。VTRによる授業記録が頻繁に行われているにもかかわらず，有効に活用されていない原因の多くは，この視聴の時間と記録の内容・質の問題にある。

そこで，本論では，こうした力を培うことを目指した「VTR分析を活用した授業研究会」について，論じる。

2　VTRを活用した授業研究会

ここで紹介する研究会の目的は次の2点である。

- 本時の授業における1人の児童生徒の活動を分析的に見つめ，次の授業計画につながる有効な情報を導き出す。
- 児童生徒の活動を見る視点を豊かにすると共に，より的確に評価する力を養う。

(1)　**方法**

①　授業計画——学習指導案の作成

②　授業実践——活動の記録（VTR撮影）

　児童生徒が「本時の目標」到達に向けて活動する姿をVTRで記録する。

③　研究会準備

　1）研究対象とする活動の選定

　　VTR記録の中から，研究会で対象とする場面を選定する。時間的には約2分間の活動を選び出す。

　2）活動の記述（表8-1「活動の記述」）

　　選定した活動（約2分間のVTR記録）を見つめ，目に見える活動をできる限りありのままに詳細に記述する。児童生徒の活動は，周囲の人やものとのかかわり合いを通して展開される。活動の記述は，このかかわり合いを通して学ぶ様子がわかりやすいように，「生徒の活動」「授業者や友達の活動」「対象物の変化の様子」などに項目を分けて，時系列に沿って記

述する。
④ 研究会
1）本時の学習目標と指導観の共通理解（共有）

　研究対象とするVTRに登場する児童生徒について，本時の学習目標と指導観を授業者が報告し，研究会のメンバー全員が共有する。

2）研究会メンバーによるVTR視聴と活動の記述

　研究会のはじめにVTRを繰り返し視聴し，各自が「本時の目標と関わって大切と考える活動」を記述する。VTRはメンバーの求めに応じて繰り返し見る。

3）活動の記述の検討・補足・修正（表8－1「活動の記述」）

　㋐　授業者による「活動の記述」を配布し，各自が授業者の「活動の記述」と自分の記述とを見比べる。

　㋑　記述に相違のある点や記述されていない内容があれは発表する。

　㋒　再度VTRを見て，②の内容について確認し，補足や修正を行う。

表8－1　活動の記述

（「しいたけほだ木の展開作業（高1）におけるほだ木の受け渡し活動の記述」より抜粋）

浸水漕からほだ木を取り出して渡す係（田代）の活動	運び係の活動
1　浸水漕の中を見ている。 2　~~松田に気づく。~~ →松田の方を見る。 3　~~松田が持てるほだ木を取り出す。~~ →浸水漕中央の細いほだ木を取り出す。 4　ほだ木を差し出し，「松田さん」と呼ぶ。	（松田）浸水漕横に来る。 （松田） ・受け取りに行く。 ・ほだ木を抱えるように受け取る。 ・ほだ木を抱えたまま運んで行く。

この表は，授業者が作成した「記述」に補足・修正を加えたものである。
下線は補足した記述，取消線は修正を要した活動，網かけは修正後の記述。
＊修正：「気づく」「松田が持てるほだ木」は解釈を含む。すでに気づいている可能性がある。「見る」という記述が適切。松田が持てると判断しているかどうかは不明。「細いほだ木」が適切。

4）活動の意味の解釈　－学習内容の分析－

　㋐　各自が，児童生徒の活動の意味を解釈し，カードに記述する。

　㋑　活動番号別に，ホワイトボードにカードを貼る。

（例）「活動の意味の解釈」を書いたカード

3　浸水漕中央の細いほだ木を取り出す。→松田）ほだ木を抱えるように受け取る。
7　中位の太さのほだ木を取り出す。→今井）ほだ木の両端を持って受け取る。
22　太いほだ木を取り出す。→北田）ほだ木の両端を持つ。
25　手前の細いほだ木を取り出す。→松田）ほだ木の両端を持って受け取る。
↓
解釈）運び係が運べる太さのほだ木を選んで取り出し，手渡している。

ウ　順に「解釈」の内容を確かめる。
　　　　　「解釈」を確かめるために必要な情報を求めて，繰り返しVTRを見直して議論し，徹底的にありのまま・見えるままの活動に基づいた解釈を求める。
　　　エ　共通解釈された内容をもとに，生徒の活動（2分間の記録）の中にどのような学びがあるのかを確かめる。
　⑤　授業への反映
　・研究会で得た情報をもとに，次時の授業を計画する。
　・研究会で得た活動を見つめる視点を有効に活用し，授業展開の過程で児童生徒一人一人の活動を見つめ，その意味を判断，評価して授業に反映させる。
（2）　留意点
①　VTR撮影
　VTRは撮影者の授業の見方・児童生徒の活動の見方が反映される。したがって，最初はある程度授業を見る目が養われた教師が撮影することが望ましい。ただし，研究会で撮影の視点について指摘されながら授業を見る目を養うこともできる。その際には特に以下のことに留意する。
・指導案を読み，授業者の意図・ねらいを理解してVTRを撮る。
・児童生徒側からの働きかけがない限りは，手出し・口出しせずにじっと活動を見つめて撮影する。
・次の2点を念頭に置いて撮影する。
　　・児童生徒は周囲にある人やものとのかかわり合いを通して学ぶ。
　　・児童生徒は授業者の意図を越えたところに手がかりを見つけて活動をすることがある。
②　研究対象とする場面（VTR記録）の選定

2分間　　1時間半～2時間の研究会で繰り返しVTRを視聴するには2分間くらいのVTRが適度な長さである。
③　活動の記述（児童生徒の活動をありのままに見る眼・態度を養う作業）

活動をありのままに　　生徒の活動に基づかない早とちりな解釈は，不的確な指導・援助・評価に結びつく可能性がある。生徒の活動の意味を的確に解釈するには，まずは生徒の活動をありのままに見つめることが重要である。活動を記述してみると，無意識に解釈を含む見方をしていることが多い。自分が見た活動を文字に書き表し，互いに比較・検討することで，活動をありのままに見る眼を養う。
④　活動の意味の解釈（児童生徒の活動の中に学びを見抜く作業）

解釈の議論　　一つの活動に対するメンバー一人一人の解釈を出し合い，繰り返しVTRを見ながら徹底的に議論し合う。このことによって，活動を細かく見る眼・様々

な視点から見る眼を養い，活動の意味を的確に解釈する力を高める。

●例）「杉間伐材の皮むき活動」（高等部『しいたけほだ場づくり』）を見つめる研究会より——

研究会のメンバーが活動を見つめる視点は，皮むきの操作や指示理解に集中していた。その中で，1人が「授業者が手を添えて皮むき器の操作を指導しようとした時に，『自分でやる』と言って授業者の手を払いのけた活動」に視点をあてた。この活動の意味を検討する中で，日頃目指している「高校生らしさ」の現れ・主体性の現れと解釈すべきであり，肯定的に評価すべき内容であることが共通確認された。

多視点から見る眼

作業的な活動を見る時には技能的なことに視点が行きがちである。皮むき活動は皮むきの上達を目指すものではない。生徒の活動を多面的に見つめ，この活動を通して何を学んでいるのかを分析することが必要である。

⑤ 授業への反映

この研究会で得る情報は次時の授業設計のためだけにあるのではない。活動をありのままに見る眼や活動を見つめる多面的な視点，活動の中に学びを見抜く・見落とさない眼を養い，授業展開の過程に生かすためにある。

●例）「竹を割る活動」（高等部『竹炭づくり』）を見つめる研究会より——

「生徒は竹の太さによって力を加減している」という解釈を巡って繰り返しVTRを見て議論した。しかし，VTRで見る限り「竹の形状（丸い竹か半分に割った竹か）によって力を加減している」としかいえないという結論になった。

肯定的評価

次時の授業で，授業者はこの生徒の「半分に割った竹でも厚みのある竹の時には鉈を叩く棒を高く振り上げる活動」をとらえ，竹の形状だけでなく太さや厚みをとらえて力を加減していることを確かめた。そして，即座に生徒に肯定的な評価を返し，自信と活動意欲を高めている。

一人一人に応じた指導

また，この研究会では「鉈と竹の位置関係が効果的であること」「足を開いた安定姿勢が大きな動作を引き出していること」が確認された。次の授業で大野君がうまく割れないのはこの位置関係に原因があること・沢井さんは姿勢に原因があることに気づき，一人一人に応じた適切な指導を行うことができた。この例から，研究会で得たことが他の生徒の活動を見る視点になっていることがわかる。

3　実践例　VTRを活用した授業研究会——学習内容のVTR分析——

●「しいたけほだ木の浸水・展開作業」の授業（高等部1年生　10名）

本単元は，しいたけを発生させるためにほだ木を浸水漕に運び入れて水につ

け（浸水），その後，浸水漕から出して元通りに並べる（展開）作業である。本時は下記の目標を立て，三つの係（ほだ木を浸水漕から出す係・持ち運ぶ係・ほだ場に並べる係）を分担して展開作業を行った。

【本時の目標】

「浸水漕からほだ木を出す係」が次々とほだ木を「運び係」に渡して展開作業の流れを作り出し，時間内に三漕分のほだ木を展開する。

(1) 研究会準備

① 研究対象とする活動（VTR）の選定

・指導者が浸水漕の場から離れ，生徒2名（山田さんと臼井さん）だけでほだ木を浸水漕から出して渡す活動をしている場面を選択した。特に作業後半，作業の流れが速やかになっている場面を選択した。

② 活動の記述

授業者がこのVTRを見て生徒の活動を時系列に沿って記述した。

(2) 研究会

① 山田の「前回の展開作業の様子」と「本時の指導観」についての共通確認

1) 前回の展開作業の様子

山田さんは「浸水漕からほだ木を出す係」を希望して行った。しかし，重いほだ木を取り出して手渡したり，浸水漕の底にあるほだ木を取り出すのに時間がかかり，時には指導者の援助を必要とした。その結果，浸水漕付近に「運び係」が溜まり作業の流れが滞った。他の生徒との交代を拒んでいたが，途中で残念そうな様子で他の生徒と交代した。

2) 本時の指導観（浸水漕から出す係に対して）

以下の方法で山田さんに再度この係を任せ，上記の目標達成を目指す。

・ほだ木を取り出す係を山田さんと臼井さんの2人で行う。2人がほだ木の両端を片方ずつ持ち，力を合わせてほだ木を取り出す方法をとる（写真8−1）。
・浸水漕の水を抜かず，ほだ木が水に浮くようにして取り出しやすくする。
・次々とほだ木を出せるように，各浸水漕にほだ木置き場を設置する（写真8−2）。

この係が展開作業の流れを作り出せるように，最初に次の2点を指導した後，2人に任せて運び係の一員として活動する。ほだ木を取りに来るたびに指導したことができているかを確かめ，必要に応じて再指導する。

・次に来る運び係を見て名前を呼び，取りに来る活動を促す。
・運び係の生徒の力に応じた太さ・重さのほだ木を選ぶ。

② VTR視聴と活動の記述

繰り返し視聴　続いて，研究会メンバーで繰り返しVTRを視聴し，生徒の活動を記述した。

第8章 授業づくりとVTR分析

③ 「授業者による活動の記述」の補足・修正

1) 研究会前に授業者が書き出した「活動の記述」と自分の記述を見比べ，記述に相違のある箇所や記述されていない内容を発表した。
2) 次に記述の相違や漏れについて再度VTRを見て確認し，「授業者による記述」を修正した（表8－2）。

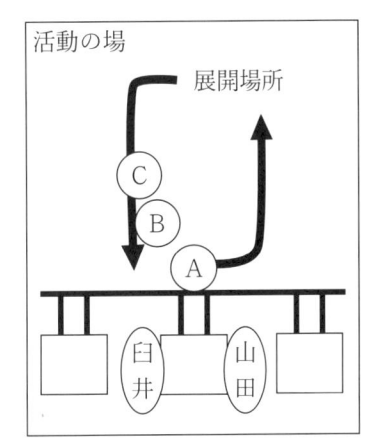

写真8－1 2人でほだ木を取り出す　　写真8－2 取り出したほだ木を置く

表8－2　活動の記述（取消線＝修正，網かけ部＝補足）

なお，この中には活動の意味を解釈する過程で新たに補足・修正したものも含まれている（A・B・Cは運び係の位置《活動の場の図参照》，竹＝取り出したほだ木を置く所（写真8－2参照））。

	取り出し係（山田）	取り出し係（臼井マキ）	運び係
1	右手で細いほだ木を持って（→の端をつかんで持ち上げ），竹の上に置く。	両手で細いほだ木を持ち上げ，竹の上に置く。	中川）Aにいる。 岡本）Bにいる。
2	漕内のほだ木を指して数える。	ほだ木を中川の手前まで転がす。	中川）ほだ木の両端を持ち，運んでいく。
3	指導者の方を見て「あと，4！」		授業者）Bで「あと，4！」と応じる。
4	ほだ木の端に右手を添えて，「マキ，オカモト君，行こう。」	「オカモト君」と両手をほだ木の端に添える。	岡本）BからAへ歩いてくる。
5	右手でほだ木の端をつかんでほだ木を持ち上げる。	両手でもう片方を持つ。	岡本）Aへ来る。
6	漕内を見たまま，竹の上にほだ木を置く。	ほだ木を両手で持ち上げ，竹の上に置く。	
7	ほだ木から手を離すとすぐに指さして浸水漕内のほだ木を数える。	「オカモト君。」	岡本）ほだ木を手前に転がす。
8	授業者の方を見て「あと，3個！」	通路の方を見る。	岡本）両端を持って運んでいく。
		「次はこれにしよ」と漕内のほだ木に手を伸ばす。	授業者）「さあもらおう」とAに来る。
9	ほだ木の端に右手を伸ばす。	左手をほだ木の下にまわしこんでほだ木を持ち上げる。	

10	ほだ木を持つ（→右手でつかんで持ち上げる）。	ほだ木に右手を添える。	
11	「ハイヨ」と竹の上に置く。	ほだ木を竹の上に置く。	授業者）とほだ木を手前に転がす。
11'	竹を置いた瞬間に通路の方を見て，「ヨネちゃーん。」	竹の上に置いたほだ木を少し右手で押す。	ほだ木の両端を持って運んでいく。 米田）CからBへ歩き始める。
12	米田の動きを（→通路の方を）見ている。	漕の中を見回す。 山田の前の太いほだ木を指さし，「次，コレコレ，太いの。」	米田）Aへ歩いてくる。
13	「ヨネちゃん○○○○（不明）」と言ってすぐ，漕内のほだ木に手を伸ばし「行こ！ マキ。」		米田）Aに来る。
14	漕に浮いているほだ木を右手で回し，向きを変える。	山田のすることを（→漕内を）見ている。	米田）漕内を見ている。
15	右手をほだ木の下に回し込み，左手で漕の縁をつかんで，「セーノーデ」と言いながら右手でほだ木を持ち上げる。	山田に合わせて「セーノーデ」と言いながら両手でほだ木を持ち上げる。	米田）ほだ木を見ている。
16	左手をほだ木に添え，竹の上に置く。	両手でほだ木を持って左へ2～3歩歩いて竹の上に置く。	
17	「ヨネちゃん。」	ほだ木に手を添えたまま米田の方を見て，「ヨネちゃん。」	青井がBに来る。 米田）帽子をかぶる。
17'	すぐに米田の後方を見る。		米田）ほだ木を手前に転がす。
18	サッと浸水漕に右手を伸ばし，細いほだ木の中央を持って持ち上げ，「アオイ君。」	山田の方を見る。 左手を差し出そうとする。	青井）山田の方を見る。
19	「アオイ君」と言って，青井に向かって数歩く。	山田のすること（→方）を見ている。	青井）山田の方へ来る。
20	青井君にほだ木を指しだし，「端，持ってー。」		ほだ木の真ん中を抱えて受け取る。
		山田が青井に手渡したのを見て「ハイ，オワリー。」	米田）ほだ木の両端を持って歩き出す。
21	漕内の水をかき回しながら「オワリー」「ヤッター」と言い，笑顔で撮影者の方を見る。		撮影者）「サア，終わろう」と応じる。
21'	授業者の方を見ながら，右手を隣の漕にのばし「コッチ！」		
		撮影者に向かって，隣の漕を指さし「こっちあるやんか。」	撮影者）「あ，まだあるのか。」
22	すぐに隣の漕へ移動し，自分の持ち場に立つ。	隣の漕へ移動し，山田の向かいに立つ。	
23	細いほだ木に手を置き，臼井の方を向いて「アヤさん，行こ。」	山田が手を置いたほだ木の端に両手を添える。	

24	「アヤさん。」		彩）A地点に来る。
25	右手でほだ木を（→ほだ木の端をつかんで）持ち上げ，竹の上に置く。	両手で持ち上げ竹の上に置く。	
26	どうぞと言いながら，右手で示す。	竹の上に置いたほだ木を運び係の方へ転がす。	彩）ほだ木の両端を持ち，運んでいく。
27	通路の方を見る。		岡本）Bから歩いてくる。
28	「オカモト君」と言いながら，右手でほだ木の端をつかむ。	「オカモト君」と言いながら，もう片方に両手を添える。	
29	ほだ木を（→ほだ木の端をつかんで）持ち上げ，竹の上に置く。	両手でほだ木を持ち上げて竹の上に置き，「オカモト君，ハイ。」	岡本）ほだ木を両手で転がし，両端を持って運んでいく。

④ 活動の意味の解釈

活動を共有し意見を戦わせる

研究会のメンバー各自が，記述内容に基づいて，生徒の活動の意味を解釈しカードに書いた。カードの内容について繰り返しVTRを見て議論した。本研究では，次表の内容について議論がなされた。次にその一部を紹介する。

2人で協力してほだ木を取り出す	作業速度を意識した活動
次に来る運び係の確認	竹でつくったほだ木置き場の活用
運び係の活動を促す言葉かけ	ほだ木の取り出し方
相手が運べるほだ木の選択	臼井の，ほだ木を取り出す活動

1）2人で協力してほだ木を取り出す

下表の解釈についての検討・確認を行った。

山田の活動	活動の意味の解釈
・ 1，5，15，23，25の山田の活動とそれに応じる臼井の活動 ・ 9，10：臼井に応じる山田の活動 ・ 4，13，23の山田から臼井への声かけ ・ 13：溝内のほだ木を回して，片端を臼井の方へ向ける行動 ・ 16：太いほだ木を取り出す時の「セーノーデ」の声かけ	2人で力を合わせてほだ木を持ち上げて取り出すことができている。

解釈の共通確認

○VTR再視聴による解釈の検討・確認

繰り返しVTRを視聴し，上記の解釈が共通確認できた。ただし，1回（活動19）だけ2人でほだ木を持ち上げていない場面がある。この活動をどうとらえるかを次に検討することになった。

2）作業速度の意識 1 －活動19の解釈－

活動19に関するメンバーの解釈（下表）をベースに検討を進めた。

解釈の検討・議論

山田の活動	活動の意味の解釈
・ 17と18の間に「米田の方を見ている」 ・ 18：ほだ木に手を伸ばす動作が他の場面より素早い。 ・ このときだけ，1人でほだ木を取り出している。 ・ 19：後ろにいる生徒を呼び，自ら歩いて行って渡している。	作業を速く進めようという意識の現れた行動。

㋐VTR再視聴による「活動の記述」の確認・補足

　繰り返しVTRを視聴し，17と18の間に「17'すぐに米田の後方を見る」という活動を確認し，補足した。また，ほだ木に手を伸ばす動作の素早さも確認し18の活動に「サッと」を補足した。

㋑VTR再視聴による解釈の検討・確認

　・この活動は確かに他の活動より素早い。活動21の喜びようからも「最後の1本（これで終わり）」という気持ちの現れた行動であると解釈できるだろう。しかし，「作業を早く進めようという意識」は言い過ぎではないだろうか。

　・活動2, 3, 7, 8で，ほだ木の数を数え，授業者に元気よく報告している。あと何本という見通しが持てるようになった段階で，早く空にしようと意識し始めているのではないだろうか？

㋒VTR再視聴－作業速度の意識が見られる活動を求めて－

　そこで，作業速度の意識が見られる活動を求めて再度VTRを視聴した。その中から活動21～23に基づく解釈が提示された。

3）作業速度の意識2　－活動21～23の解釈－

山田の活動	活動の意味の解釈
・21の活動の直後に，「次の浸水漕に手を伸ばしている」。 ・この活動から22の活動への移行が素早い。 ・23：隣の浸水漕へ移動し，すぐに活動を開始している。	作業速度を意識した活動と解釈できるのではないか？

　この解釈に対しては，「撮影者の声かけが促した活動ではないか？」という反論が出された。

㋐VTR再視聴による「活動の記述」の確認・補足

　繰り返しVTRを視聴し，21と22の間に「21' 授業者の方を見ながら，右手を隣の漕に伸ばし『コッチ！』と言う」活動を確認し，補足した。また，活動23への移行の速さも確認し，22の活動に「すぐに」を補足した。

㋑VTR再視聴による解釈の検討・確認

　撮影者の声かけと山田さんが隣の漕に手を伸ばす行動はほぼ同時で，撮影者の声かけの影響がどうかは判断できない。最後の1本を取り出す活動が少しでも早く空にしようという意識の現れであることは共通確認された。ただし，全般に，作業速度を意識した活動ができているかどうかは他の場面（VTR以外）を見る必要がある。

4）ほだ木置き場の活用　－活動6, 13, 21・22の解釈－

　「作業速度を意識していたのなら，前時（浸水作業）より作業速度を速めるために設定した場（竹を渡したほだ木置き場）を有効に活用しているかを見た

らどうか？」という意見をもとに、次の解釈の検討に移った。

山田の活動		活動の意味の解釈
7	ほだ木を置いてすぐ数を数えている。	竹で作ったほだ木置き場を活用することで、作業が早く進められている。
11と12の間	置いた瞬間に、通路の方を見て次に来る生徒の確認・呼びかけができている。	
21・22	米田が持っていくのを待たず、次のほだ木を取り出して青井に渡している。	

㋐VTR再視聴による「活動の記述」の確認・補足

　繰り返しVTRを視聴し、11と12の間に「11'竹の上に置いた瞬間に通路の方を見て、「ヨネちゃーん」と言う活動を確認し、補足した。

㋑VTR再視聴による解釈の検討・確認

　VTRを繰り返し視聴し議論する中で、活動に基づく様々な意見が出された（下表）。

12	山田は米田を呼んだあとしばらく米田の方を見ている。この間にほだ木を取り出して竹の上に置いて待つことができる。実際、臼井は米田が歩いている間（山田が米田の方を見ている間）に次のほだ木を取り出そうとする動きを始めている。
18～20	直接手渡さず、竹の上に置いて米田が行ったら青井を呼ぶことも可能。直接手渡す方が速いが、ほだ木が細かったからできた可能性がある。常にできる方法ではなく、また、せっかくの流れがつぶれかねない。
18～20以外	運び係が運び出してから、次のほだ木を取り出している。作業速度を高めるために有効に活用するならば、運び出すのを待たずに次の人を確認してほだ木を取り出すこともできる。

㋒共通確認と課題提示

　設置された場を使うことによって作業が速く行われている場面があることは確認された。しかし、その場をもっと有効に活用して作業速度を高めることもできる。ただし、それは作業速度への意識がないということではなく、有効な活用方法を知らない可能性がある。より作業速度を求めるのであれば、有効な活用方法に気づく指導が必要であろう。

VTR視聴で養われるもの

　上記の例で見たように、解釈を求めて繰り返しVTRを視聴する過程で、「活動の記述」段階でとらえていなかった活動に気づくことがよくある。それによって解釈が共通確認されることもあるし、逆に、解釈が不的確であることに気づくこともある。生徒の活動の意味を的確にとらえるには、生徒の活動をしっかりありのままに見つめることの重要性を実感する。解釈は非常に難しい作業である。しかし、解釈を巡って繰り返しVTRを視聴し、意見を出し合うことで、生徒の多様な学びの姿を知ると共に、活動を見る眼、学びを見抜く・見落とさない眼が養われていく。

(3) 授業への反映
授業者による授業評価（反省）―研究会で出された内容を受けて―

VTRで見えてくるもの

浸水漕付近に運び係が溜まっている場面ばかりが眼について，「もっと早く出さないと，人が溜まっているよ」という声かけを何度もした。結果的に時間内に全部運び出せなかったため，最後のまとめでもそのことを伝える評価をしてしまった。

この場面（VTR）を見る限り，速やかに流れている。しかも，2人が声をかけ合い協力して楽しそうに活動する様子さえ見える。山田さんの手の使い方や，2漕目から3漕目への素早い動き，次の相手を確認して呼んでいること，浸水漕の中のほだ木を回して向きを変えていたこと，臼井さんが相手によってほだ木を相手の手前へ押しやっていること，など見えていなかったことにたくさん気づくことができた。相手に応じたほだ木を選ぶことについては，この場では確認できなかったが，おそらくできていたのだろう。次時に確かめたい。

学びの見落とし

このVTRからは，なぜ，時々流れが滞っていたのかはわからないが，人が溜まらないようにとか，時間内に全部運びだそうとか，作業速度ばかり気にしすぎると，その過程にある様々な学びを見落とすことがあることを実感した。

2分間の中で評価を返す

次の指導内容

わずか2分間のVTRの中にも山田さんに対して，また，他の生徒に対しても，肯定的な評価を返す機会がたくさんあった。授業全体を通せばもっともっとあるのだろう。次時は，この研究会で学んだ様々な視点で生徒の活動を見つめたい。そして，学びを確かめることができたら，機を逃さずに評価を返したい。その上で，新たに設定した場のより有効な使い方についても，生徒が自ら気づくような指導を考えておきたい。

4　まとめ ――研究会について――

授業改善のために

「本時も流れが滞る場面があり，時間内に三漕分のほだ木を運び出すことができなかった。なぜだろう。どうすればよいのだろう」といった授業者の反省からスタートする授業研究会が多い。その場合，下手をするとあら探しのような研究会になりかねない。今回の研究会は，できている・わかっていることを見抜く研究会である。ただし，本当にできているのか，わかっているのかについては生徒の活動を何度も見返して徹底的に議論する。できていること・わかっていることが見えてくれば自ずと次の学習内容が絞られてくる。また，学びの姿をとらえ肯定的な評価を返せば，生徒の自信・意欲が高まり，新たなる主体的活動が生まれてくる。意欲を高めることと適切な学習内容の提示が授業改善につながる。

わずか2分間のVTRであっても，その中に様々な生徒の学びの姿を見いだすことができる。こうした研究会を繰り返し，活動を共有し意見を戦わせる過程で，活動を見つめる視点が豊かになり，学びを見抜く・見落とさない目が養われ，的確な評価をする力が高まっていく。

（＊本文中に登場する生徒名はすべて仮名です）

第9章
ティーム・ティーチングによる授業づくり
―実践のサイクルと取り組みの充実―

教師集団の育ち合い

　障害児教育では，子どもたちのこれまでの歩みをとらえ，今後の育ちに展望を持ち，連続的・継続的な取り組みをいかに展開していけるかがとりわけ重要に思われる。養護学校の義務化によって，それまでに比べ，学校として，教師集団として教育内容に責任を持ち，その検討を行うための集団的・組織的な体制が整えられることになった。私が勤務する滋賀県立北大津養護学校はその義務化の年に知的障害と肢体障害の子どもたちの併置校として開校した。当時，重症心身障害児施設であるびわこ学園の子どもたちが在籍し，それまで接したことのない障害の重い子どもたちが多く通学してくることになった。重篤な子どもたちの命と向き合い，日々の生活を生き生きと豊かなものにするために，私たちにできることは何なのか，しなければならないことは何なのか，手探りの中でのスタートであった。

　そうした時に，教師にも集団があるということは，実践を進める時の大きな支えであり，エネルギーとなった。子どもたちの"今"をとらえ，どのような内容でどういった働きかけをすればいいのかを1人で考えるのではなく，教師集団として悩み，語り合い，意見をぶつけ合った。そうすることで互いに刺激し合い，未熟な指導技術を点検し，磨くことにつながった。こうした教師集団の育ち合いが子どもたちの育ちを支えることになり，子どもたちの頑張りに教師集団が励まされる形で実践を展開してきた。

　本章では"子どもたち"と"教師集団"との相互作用の視点から，そうした北大津での実践の過程を通して「ティーム・ティーチング」と「授業づくり」の関係を整理してみることにする。

1　授業づくりにおける基本的な考え方

(1) "集団"そして"集団指導"ということ

　私たちは，20年のまとめ『'99教育実践用語事典－北大津養護学校版－』の中で，「集団」と「個人課題」，「集団指導」という切り口から，実践の到達点として以下のような整理を行っている。

① "集団" ということ

　学校は，子どもたちが「集う」ということに意味があり，子どもたちはそうした集団の中で他を意識し，他から評価されることを通して，自分を知り自己を確立していく。あるいはまた，もまれ合い励まし合いながら適合的な行動様式を獲得していく。したがって，人間の発達にとって「集団」の保障は欠くことができず，学校教育は集団的な教育指導を原則として考えていく必要がある。

「個別教育計画」

　近年，「個別教育計画」の主張が高まってきている。多様な実態の子どもたちに，よりていねいに対応していくためには，個々の子どもたちの課題を設定し，その指導プログラムを吟味していくことは大切なことである。そうした個別課題の指導プログラムは必ずしも一対一の個別指導を意味するものではない。しかしながら，一人一人の臨床像の違いからのみ課題を追求していくと，学習は個別化していかざるを得なくなる。また，子どもの発達像がいわゆる「層化現象」を見せている時には，発達がアンバランスゆえにそれぞれの視点（項目）にとらわれて，課題設定は細分化されることにもなる。こうした個々の課題を個別に追求していく取り組みは，ややもすると対症療法的な障害の軽減や克服を目的とする治療的な側面が強調されたものになり，子どもたちを人格的な側面も含めて全体的にとらえることにはなりにくくなる。

　もちろん，一対一対応を可能にする指導者数の確保は必要であり，個々の課題に迫る努力も必要である。ただ，単なる一対一の指導であれば，子ども同士の生理的共感（相手の気配や雰囲気を感じるところから始まる）すら生まれ得ないし，活動している集団が持つワクワクするような興奮も起こり得ない。意欲につながる成就感や競争心，あるいは励ましを受け止め受け入れられることや興味・関心，さらに思いやりや優しさといった人格的な側面は，集団の中でなければ得難いものであろう。

集団指導と個別教育

　学校教育の特色であるこれらの集団の意義・意味を押さえ，集団的な指導を原則としながら，必要に応じて個別的な対応を組み入れていくことが大切であり，「個別の問題をいかに集団指導という形でまとめあげることができるか」ということが教育の成否に大きく関わっているといえる。集団とは単に "数" があればいいのではない。そこでの互いの相互作用を精査し，具体的取り組みに結びつけていく必要がある。そうして初めて "集団" が本当に意味あるものになるだろう。

本校の集団指導のとらえ方

　本校開校当初から，こうした理念としての「集団」という意味からの検討を行ってきたのは，最も「集団」という観点での追求が困難な「重度・重複グループ」であった。「困難であるがゆえに」ということであろうか。そこでは，「子どもと教師との集団」，「目的としての集団」と「方法としての集団」，「教師

集団の育ち」という視点が生まれている。その中から「『集団』は指導者側にも求められる。1人の目よりも複数の目で，子どもたちに対していく方がより意味があり，たとえ見解に相違があってもそのことを話し合い克服していく努力が実践的力量を高めていくことにつながっていく。したがって，たとえば「一対一」の指導体制を三つつくるくらいなら，「三対三」の集団指導体制の方を選択したい」という考えが生まれている。

　② "集団指導"ということ

　本校では開校当初から，個々の子どもの課題を大切に考え，"個人カルテ"や"課題票"の作成を行い実践を進めてきた。そこでは，いかに確実に個々の子どもたちの実態をとらえるかということと共に，設定した課題をどの時間帯にどのような形で追求するかということ，言い換えれば，個々の子どもたちの課題から指導目標を設定し，それらの共通項を見いだし，あるいはそれらをいかに有機的に組み合わせて，一つの取り組みにまとめあげるかということに力を注いできた。"子どもたちが集う"学校という特性，子どもたちにとっての"響き合い，意識し合う"という「集団の意味」を大切にしたいと考えたからである。そうしたこれまでの取り組みを通して，集団の意味や集団指導の必要性を再確認しているところである。

集団指導の意味

　人が集まるだけでは「集団」ではない。そこに相互の"意識"や"やりとり"があってはじめて，集団としての意味が生じ雰囲気が生み出される。そのことと同様に，集団指導という場合，子どもと教師の「一対一の対応」がいくつかあるだけでは，本当の意味の集団指導とはいえないだろう。学習場面で見れば，単に1人ずつ順番に設定された活動に取り組む，あるいは同じ場面で学習をしていても一対一でそれぞれに活動することは，集団での学習・集団指導とは呼び得ないだろう。そこには「子どもと子ども」「子どもと教師」「子どもたちと教師たち」ということを意識し，かかわりを持つという視点が必要になってくる。したがって，そうした「集団で取り組む」ということの教師側の明確な意図がないと，集団を生かした取り組みにはなり得ない。そうした意識の有無が集団指導の成否に大きく関わっているのである。

　以上は，単に学校全体の子ども集団と教師集団のあり方ということにとどまらず，教育内容の検討およびその創造という点において，とりわけ日々の授業づくりという点において私たちが最も重要な視点であると押さえ，そこに集団的検討を繰り返し加えながら引き継いできた考え方であり取り組み方である。授業づくりの基本的な考え方として，まず第一に押さえておきたい。

　(2) ティーム・ティーチングということ

　こうした授業づくりに対する基本的な姿勢を持ちつつ，日々の取り組みを考

第9章 ティーム・ティーチングによる授業づくり

【「子ども集団」と「教師集団」のかかわり合い】

える時に，発達的に幼い子どもたちであっても，「子ども集団」と「教師集団」それぞれが関わり合うこと，そして集団の目で子どもたちをとらえ，教育内容を提供していくことは大切にしたい。それはむしろ発達的に幼く，こまやかな変化や表出手段しか持たない場合にこそ，そうした集団の目で子どもたちの微妙な変化をとらえ，それを受け止めて返していくという"やりとり"が子どもの育ちにとっては重要だということを実践上の手ごたえとして感じているからである。もちろん，発達的に幼い場合，「集団」の視点が取り組みを行う上で最優先の課題とはならないだろう。しかし，個々の子どもの課題を大切にしながら，1人の教師の"独りよがり"な見方でなく，集団の目を通した，より客観的な評価に結びつけていくことが重要ではないかと考える。つまり，養護学校の授業づくりにおいては，こうした集団での指導は欠かせず，必然的にティーム・ティーチングによる指導体制を必要とする。

【集団指導＝ティーム・ティーチング】

すなわち，「集団指導（集団での授業）＝ティーム・ティーチング」ということである。授業時間だけでなく，登校から下校までの生活を含め，すべての時間でこの指導体制を重視する。したがって，"授業づくり"という場合，ティーム・ティーチングを単に1時間の授業という単位で，教師集団がいかに臨機に，そして相互に連携しながら子どもに働きかけるかという範囲でとらえるのではなく，子どもの実態把握や課題設定のこと，教育内容や方法，さらには指導体制等の整えまでを包括したものとして押さえたい。つまり，授業づくりは必然的に教育課程づくりを意味する。こうした教育活動の大きな枠組みに位置づけてはじめてティーム・ティーチングをうまく機能させ，より質の高い授業を子どもたちに提供していくことが可能になるのである。

(3) 実践のサイクルの重視と集団論議
① 実践のサイクルとそのまとめ

【実践のサイクル】

教育課程づくりという点において，また，授業を展開する上で最も大切にしたいことは，「計画－実施－検討（評価）－再計画」というサイクルとその一連の活動である。それぞれの段階で集団論議を行い，それを次のサイクルに継続させていくことが大切なのはいうまでもないことであるが，さらにそれを「授業－実施」という範囲だけでなく，教育課程全体に関わる検討においても機能させていくことが重要であると考える。

すなわち，本校の例でいえば，『教育計画』－『授業』－『総括と次年度方針』というサイクルである。「授業」の切り口からいえば，『年間学習計画』－『指導案』－『実践のまとめ』であり，「子ども」の切り口からいえば，『個人課題票』－『授業』－『子どもたちの1年』である。

こうした実践のサイクルのそれぞれの段階や場で，クラスであるいは学部全

体で教育内容や方法，指導の手だてや配慮等について様々な意見を出し合い，整理と検討を行うことが大切である。集団的な検討によって実践の到達点を整理し，今後の課題を明示することができる。また，それらを"まとめ"として書き記すことで，教師間で実践の到達点の"今"を共有するという"同時性"と"これから"に引き継ぐという"継時性"を持たせることができるばかりか，より質の高い実践の吟味につなげることができる。

② 集団論議と教師集団としての力量

| サイクルに基づく集団論議の必要性

実践のサイクルに沿って取り組みを展開する際には，教師集団による話し合いを前提とすることに大きな意味がある。子どもの実態把握や評価をする場合，あるいは教育内容や方法の検討をする場合に，1人の教師の目だけでなく，より多くの教師の目で多角的にとらえることが大切である。それぞれの教師にはその人なりの見方や意見があるということを前提に，それを擦り合わせ，練ることで，より客観的な評価につなげることができる。

また，実践のサイクルにおける各段階ごとの検討を，集団論議によって行うことは，ティーム・ティーチングという指導体制で実践を展開する上で必要不可欠な取り組みであり，何よりも教師集団としての力量を高めることになる。すなわち，科学的な実践を展開し，指導技術を磨き，実践の充実を図るという点においてこれほど有効な手だては他にないだろう。

(4) 集団論議の時間の確保と運営体制

| 話し合いの時間の確保

集団での論議を前提に，実践のサイクルを重視して取り組みを展開するには相当な時間が必要である。にもかかわらず，小学部から高等部まで設置されている養護学校の場合，どうしても校務運営が繁雑になり会議設定が錯綜する。したがって，クラス単位や学部単位でそうした時間を生み出すことは決して容易なことではない。

| 会議設定の絞り込み

そこで，まず話し合うことの意味や意義を全校で確認し，必要性や重要性について共通理解を図ることが必要になってくる。その上で，授業のこと，子どものこと，指導体制のことを優先課題に据えて話し合うことを確認し，そのために思い切った会議設定の絞り込みをすること，あわせて，校務運営そのものを見直すことも必要になってくる。このように，授業づくりは運営のあり方とも深く関わっており，集団論議の時間確保のためにはこうした意識的，組織的な努力が不可欠となってくるのである。

2 ティーム・ティーチングによる授業づくりの基本的前提

授業づくりは教育課程の検討と深く関わっており，それがティーム・ティー

第9章 ティーム・ティーチングによる授業づくり

チングによって行われることが大切であることにふれてきた。一般的に授業づくりという場合は、その日1時間の「授業－実施」という単位でイメージされることが多い。しかし、授業づくりとは、1時間の授業を基礎単位に教育内容全体をとらえたもので、集団づくりや実践のサイクルである"教育計画"や"課題票"の設定、そしてそれらを集団論議によって行うことのすべてを含んだものである。

以下、そうした授業づくりの過程において、ティーム・ティーチングの前提づくりをどう進めるかを述べていくことにする。

(1) "集団"づくり

まず、子ども集団の決定ということがある。そこでは、目指すべき子ども像はどういったものか、それをどのような内容や方法で、そしてどんな集団の中で追求するのかといった集団編成の基本的な考えを明らかにしておくことが必要である。その場合、「発達」「障害（健康）」「生活年齢」の視点を加えて教育課程の枠組みを考えることが大切である。本校小学部の例でいえば、重度発達障害、小学部前期、小学部後期という枠組みを設けている。そうして決めた枠組みの中で、個々の子どもの実態に応じて、どの枠組みに位置づくかを検討して子どもの集団づくりを行う。

教師の集団づくりについては、子どもたちの実態にあわせて教師集団を確保するのは当然として、教師相互の関係や役割分担のあり方に踏み込んで考えたい。さらにいえば、チーフとなる教師の配置とそれをフォローする体制をどう組むか、子どもの持ち上がりや引き継ぎのバランスはどうかといった集団としての"まとまり具合"に留意して構成するということである。

そこでは、「子ども集団」を「教師集団」で見ていくことや、「子どもと教師集団」として"集団"をとらえる発想を生かし、それぞれの"集団"としての高まりや育ちということを大切にする必要がある。

子ども集団と教師集団の決定にあたって、こうした考え方を大切にする背景には、授業づくりが相互の集団のぶつかり合いや関わり合いによる"育ち"を前提としていることがある。どちらか一方でなく、相互の育ちによってよりよい授業づくりが成立すると考えるからである。

(2) 実践のサイクルを軸とした授業づくり

① 年間指導計画の作成と総括－『教育計画』と『総括と次年度の方針』－

実践のサイクル、すなわち、「計画－実施－検討（評価）－再計画」の「計画」部分にあたるのが『教育計画』である。教育内容や方法（年間の学習計画を含む）と運営体制の二つの柱で構成し、学部や全校を視野に入れた年間の指導計画である。クラスや学部が1年間の取り組みに見通しを持ち、仮説を立てて実

（欄外）
集団編成の基本的な考え

「計画－実施－検討－再計画」

「教育計画」

践を進める上で最も重要な位置づけになる。

　そして，この全体計画である『教育計画』に基づいて取り組みを進め，年度末にそれに対応させながら，事実を集約し，検討を加えて『総括と次年度の方針』としてまとめ，次年度の実践に生かすことが大切である。

**次の実践に　　**　検討にあたっては，クラスから学部へ，学部からクラスへ，さらに全校の分
つなげる　　掌や委員会と学部との"還流"を図ること，また，教育活動における計画や評価を"形"にすることで取り組みが公になり，他からの評価が得やすくなる。その結果としてより質の高い実践を追求することができ，その集積が教育課程の編成につながるのである。

　② 個人課題の設定とその評価　－『個人課題票』と『子どもたちの1年』－

　集団での取り組みを重視することと同様に，個々の子どものことも大切に考えたい。そこで，子どもの"今"を担任集団で情報交換しながら個別に実態を把握し，これまでの育ちを含みながら今後の育ちを展望して課題を立てる。その課題を達成するために，どういった内容や方法で働きかけを行うのか，それを明らかにしたものが『個人課題票』であり，いわゆる「個別教育計画」ともいうべきものである。これは実践のサイクルでいえば「計画」部分にあたる。

　その「計画」に沿って題材を精選し，手だての工夫や配慮をしながら，集団の中で人格的側面からの育ちも含めて子どもへの働きかけを考える。そこで見せた個々の子どもの様子や事実を担任集団で情報交換しながら課題票に照らし合わせて評価をする。それが，『子どもたちの1年』であり，実践のサイクルでは「検討（評価）－再計画」に相当する部分である。

子どもの事実　　個々の子どもの姿をできるだけ的確にとらえ，今後の育ちへの仮説を立て，
と解釈・評価　いくつかのアプローチを試み，その結果子どもがどういった力をつけたのかを評価することは重要である。そこでは，子どもを見る視点を明確にした上で，一つ一つの事象について分析的な見方や解釈をして事実を見極めることが重要
全体像の把握　である。さらに，総合的に全体像を把握することも大切である。

　集団での指導を前提としている授業においては，個々の子どもの課題を集団授業の中にいかに組み込み，集団としてまとめあげるかということが問われる。ティーム・ティーチングによる授業づくりにおいて，こうした検討を進めるためにも個人の課題とその評価は必要不可欠であり，話し合いを充実させる手段ともなる。さらにいえば，個人の情報が継続的に引き継がれることになり，ひいては指導の一貫性につながることにもなる。

　③ 年間の指導計画の設定と総括　－『年間学習計画』と『実践のまとめ』－

　教育計画をベースとしながら，一方で個人課題票の取り組みの方向性をにらみつつ，学習領域ごとに『年間学習計画』を立てる。日々の授業はこの計画に

第9章 ティーム・ティーチングによる授業づくり

沿って実施・展開する。単元（題材）を終えるごとに反省と検討を行い，年度末には年間を通してそれぞれの学習領域ごとに到達点と課題をまとめる。それが『実践のまとめ』である。実践のサイクルでいえば，『年間学習計画』は「計画」部分に，『実践のまとめ』は「検討（評価）から再計画」部分にあたる。

さらにその日1日の授業単位で見れば，『指導案の作成－授業の反省－次の日の計画』という実践のサイクルがあり，教育内容全体のサイクルの中に，二重のサイクルを含んで実践を展開することになる。

| 仮説的な見方・科学的・客観的評価 |

1年間の実践に，あるいはその日の授業に仮説を立てて臨み，そこでの子どもたちの様子から，課題の設定は適切であったか，手だてや配慮は十分であったかどうかの検討と評価を行うことは，実践の科学的・客観的評価という点において必要不可欠なことである。そこでは，仮説的な見方で子どもをとらえて対応しているかどうか，授業の検討段階や実際の授業の中でテイーム・ティーチングはうまく機能したかどうかを含めて評価を行う必要がある。また，検討する際には，クラスの担任一人一人が自分の考えを表明すること，その上で相互に批評し合い，練り合わせながら到達点を明確にすることが大切である。こうした集団での検討と論議を二重三重に経ることによって，実践をより深みのあるものにすることができると考える。

3　ティーム・ティーチングによる授業づくりの留意点

(1)　授業づくりのための共通の土俵づくり
①　記録し，まとめることで情報を共有すること

| 記録することの意味 |

授業づくりにおいて，「子ども集団と教師集団」という発想で実践を展開する場合，教師は子どものこと，授業のこと，運営に関わることそれぞれについて把握した情報を交換し，教師集団で共有することが大切である。その方法の"要"となるのが，前節で述べた実践のサイクルに基づく記録であり，集団論議による"まとめ"である。

| "同時性"と"継時性" |

なぜなら，記録は単に文字にして残すということにとどまらず，事実を共有し，話し合いを膨らみのあるものにする。まとめの論議を通して実践上の到達点を整理し，今後の課題を明らかにすることができる。そして到達点や課題を教師間で共有するという"同時性"を持たせ，さらに検討を加えてより客観的な評価につなげることができる。また，書き残すことによって子どもの課題や実践の到達点を確認し，"今"とそして"今後"に引き継ぐという"継時性"を持たせることになり，時間を越えて共通理解が図られることになる。さらにそうしたまとめを公にすることで他からの評価を得て，自分たちの実践を見つ

め直し，深めることにもつながる。

つまり，個々の子どもを大切にするという視点，よりよい授業を行うという双方の視点から見て，記録やまとめること，そのまとめによって情報を共有することは重要な役割を果たす。と同時に話し合いやまとめは集団論議を経ることで，様々な視点から意見が出され，練られることによって，より精度の高いものになっていくという側面も忘れてはならない点である。

情報の共有化

② 集団論議の場の設定

日々の授業は基本的にはクラス単位で行われる。したがって，教育内容や方法，運営体制に関わる検討の基礎単位は各クラスということになる。そこでの論議をいかに充実したものにするか，どれだけ共通理解が図れるかということが大切なポイントになる。さらにこれをクラス単位のものだけでなく，学部（全校）という視野からとらえることが教育課程の充実につながると考える。

授業検討の場の設定と公開

「授業」という点に絞ってみると，ティーム・ティーチングを機能させた集団論議の場の中心は「授業研究会」ということになるだろう。クラス単位で行う毎日の授業の実施と反省は最も基礎的な授業検討の場といえる。しかし，そうした日常の場をさらに深まりのあるものにするためには，ティーム・ティーチングのメリットを生かし機能させるという意味においても，学部や全校に開かれた授業研究会の設定が望まれる。こうしたいくつかの検討の場の設定と機会の確保によって，様々な意見を得ることができ，指導意図を問い直したり，再検討したりすることで次の授業が改善される。つまり，集団での論議をくぐることで実践を客観的に評価することになり，より深まりのある実践の展開に結びつけることができる。

さらに，授業検討の一環として校内的な学習会や研修会の設定を含めて考えること，また対外的な公開研究会等も積極的に設け，実践と検討の場を公開していくということも大切である。

(2) 授業づくりのための運営体制

② 話し会いの時間の確保

クラスの担任集団で子どもの実態把握と課題設定にはじまり，教育内容の設定や学習集団の配置，手だてや配慮の工夫，そして，担任集団がどういった役割分担と連携を図るかに至るすべての検討を，一つ一つていねいに話し合い，方向性を見いだし，確認した上で実践を展開していくには"思い入れ"や"意気込み"と，相当の時間が必要である。ましてや，クラスを越えて学部や全校での検討と確認ということにまで広げて展開しようとするとなおさらのことである。

したがって，話し合いの時間の確保ということは，授業づくりに直接関係が

第9章　ティーム・ティーチングによる授業づくり

ないように見えて、実は最もかかわりが深いことなのである。そこで、このことを校務組織の中にどのように位置づけ組み込んでいくか、教師集団としてどれだけ必要性を感じ、意欲的に取り組めるかが一つのポイントになる。この点を押さえて、クラスで話せる時間や学部全体で論議する時間の保障を校務運営の観点に位置づけて、全校的な検討と工夫によって確保していくことは不可欠なことである。

時間の確保と運営システムの整え

学校という組織は単年度ごとに人の入れ替わりは避けられない。そうした中にあって、引き継ぎや確認のために話し合うこと、そのための時間の確保とそれを支える体制を整えることはよりよい授業づくりに向けての土台づくりといえよう。

こうした努力によって時間の確保をする以上、集団論議を行う時間が十分だったか、ティーム・ティーチングによる実践の充実につながる運営システムであったかどうかの日常的な検討と見直しは必要である。あわせて、毎年、年度当初に集団での論議の意味と意図をていねいに確認していくことも大切な事柄である。

② 話し合いのための運営システム

集団論議のポイント

集団論議を深まりのあるものにするためには、時間を確保することに加えてそれぞれの検討の場が機能的なシステムになっているかどうかが重要なポイントになる。どんな内容をどこの場で話すのか、そのためにどういった体制の整えや配慮をするのかを考えた体制づくりということである。

効率的な会議運営

学校全体の組織体制で考えると、話し合いの時間に限りがあることは事実である。だからこそ効率的な会議運営を図ることが求められる。そのためには、会議の目的と内容はもちろんのこと、そこでの教師の役割や位置づけを明確にすることが大切である。例えば、「運営部分」や「研究部分」、「担任業務」や「校務分掌」など、それぞれの会議や検討の場の目的は何か、どういった教師集団を構成して話し合うかということである。

イニシアチブをとる教師の配置

検討内容すべてに、教師集団として関わることは基本ではある。しかし、限られた時間の中では、あえて"役割分担"をして、会議の効率を図る必要がある。その場合、誰がどの部分の責任を担うかを機械的に均等に割り振るのではなく、それぞれの検討の場におけるイニシアチブをとる人の配置をすることや、主にどこのどの内容により多くの責任を持つのかといった"比重"の置きどころの工夫をすることが大切である。そこには単なる役割分担や個人の責任で済ませるのではなく、集団論議を経ることで新たな視点や観点からの意見を紡ぎあわせて、人数分だけの意見にとどめず、それ以上の内容の充実やより質の高い論議につなげるという前提がある。個人が担う役割を明確にする一方で、相互に連携し合うことを重視する。そうした意識で臨むのであれば、この"責任

| 責任ある役割分担 | ある役割分担"は単に効率だけを求めたものではなく，話し合いの時間の確保と同時に多くの課題の検討を可能にすることにもなる。

個人の責任と役割を明確にし，それぞれがその責任を果たしてはじめて集団での論議が生きてくる。つまり，話し合いのための運営システムは個人の意識に支えられている部分が大きく，それを学部（全校）として意識的・効率的に機能させることによって，より充実した集団論議に結びつき，それが授業づくりや実践の深まりにもつながると考える。

4 ティーム・ティーチングによる授業づくりの実践例

本校では，以上のような考え方に立ち授業づくりを行っている。ここでは，授業づくりの過程のどの段階で，どういったティーム・ティーチングを展開しているのか，小学部の場合を例に紹介していきたい。

(1) "集団"づくり

子どもの集団編成においては，めざすべき子ども像を話し合い，どういった視点に着目して集団づくりをするのかを考える。その場合，すでに述べたように，子ども同士の力のぶつかり合いや集団の持つ雰囲気が醸し出す盛り上がりや高まりといった集団ならではのよさを生かした集団づくりをすることを大切にしている。

具体的には，「発達」を中心に据えながら「健康」と「生活年齢」の視点を加味して『小学部前期』（1・2年生：認知発達で10カ月前後〜），『小学部後期』（3〜6年生：認知発達で10カ月前後〜），『訪問・重度重複』（1〜6年生：認知発達で10カ月以前）の三つの枠組みで集団を編成している。

『前期』では，「学校生活に慣れ，リズムのある生活を送ること」と，「まず人や物に気を向け，要求を膨らますこと」を，『後期』では，「たくましい身体づくりと自分の思いを相手に伝え，やりとりをたくさんすること」，さらに「主体的に物に向かい，自分で解決したり考えたりすること」をねらいにしている。『訪問・重度重複』では，「生理的レベルでの健康の安定を図ること」，「外界からの刺激を受け止め，それを表情や動作で表すこと」をねらいにあげている。

したがって，新転入生については子どもの実態に照らし合わせて，三つの枠組みのいずれかに位置づけ，在校生についても年度当初に再確認してその年の集団編成を決定する。

子ども集団が決定すれば，当然，それに応じた教師の集団づくりをする必要がある。この時，単に子ども集団にとって必要な教師の人数を確保するという |

子どもの集団づくり

教師の集団づくり

ことではなく，何よりも教師集団としての育ちに力点を置いて考えるようにしている。そして，クラスの担任集団としてのまとまりを重視し，チーフとなる教師とそれをフォローする体制を整え，その中で学び，次代を担う教師を育てるという視点も組み込む。さらに子どもの持ち上がりや引き継ぎ，校務経験や男女比等も可能な限り視野に入れて構成する。こうした観点から教師の集団づくりを考えていくと，大きな集団になるほど教師の力量が求められることになるものの，一定数の教師集団が必要になる。具体的な集団の決定にあたっては，年度当初に学部内で"人事委員"数名を選出し，そこで原案を作成した後に学部会で提案し，論議を経た上で確認するようにしている。

子ども集団と教師集団の"育ち"

このように，「子ども集団」「教師集団」「子どもと教師との集団」それぞれの育ちということに着目して集団づくりをすることは大切である。

したがって，年度ごとに集団の必要性や重要性について検討と確認をしながら子どもと教師双方にとってある程度の集団の大きさを確保することは優先して考えたいと思っている。小学部では現在，10名程度の子ども，5〜6人程度の教師であれば，それを生かした集団づくりを行うようにしている。

(2) 実践のサイクルに基づく授業づくり

① 『教育計画』と『総括と次年度の方針』

教育課程づくり

教育課程づくりにおいて，その基本となるのは『教育計画』(この各学部の『教育計画』を集約し，全校的な立場からまとめた全校版の『教育計画』もある)である。そこでは，教育目標（各クラスの目標），学部の概要（各クラスごとを含む），教育課程（これまでの到達点と課題を含む），集団編成，週時程表，年間学習計画，年間行事計画，運営体制（組織確立，組織表，分掌や委員会の活動方針）等についてその年の計画をまとめている。その中には授業づくりに直接結びつく研究活動についても，その目的と意図を明らかにし，どんな内容で，どの時期に実施するかの計画が示してある。年度末の『総括と次年度の方針』では，年度当初の『教育計画』に対応させ，各項目ごとに実践を整理し，検討を加えて到達点と課題をまとめている。これらの計画とまとめは，実践のサイクルを軸とした教育課程づくりの根幹をなすものであり，実践全体への評価であり，次の実践の指標となることから，授業づくりにおいて重要な役割を果たす。

それぞれの検討にあたっては，学部全体に関わる項目については，学部主事と学部の教育課程検討委員とで原案を作成し，学部運営のメンバーで検討を加えて学部会に提案し意見交換と協議を経て確認をする。また，クラスに関わる項目（クラス概要，つけたい力）はクラスのチーフとクラスの教育課程検討委員で原案を作成し，2人がイニシアチブをとりながら担任集団が様々な立場か

ら出した意見を集約してまとめる。『教育計画』は5月ごろに、『総括と次年度の方針』は3学期早々から年度末にかけて、クラスと学部を相互に行き来しながら話し合いを繰り返し、最終的には学部会で確認するようにしている。

② 『個人課題票』と『子どもたちの1年』

個別の課題とその評価

『個人課題票』では、ⅰ）基本的生活習慣、ⅱ）言語・認知、ⅲ）集団・社会、ⅳ）姿勢・運動の4つの視点から、子どもの"今"を明らかにし、子ども自身と親の思いも加味して今後の育ちを展望しつつ、そのためにどういった力をつける必要があるのかを明らかにする。同時に、指導内容や方法についても、手だてや配慮に至る子どもへの意図的・仮説的"働きかけ"の中身を検討して記している。

『子どもたちの1年』は、子どもの1日を通して、日課の流れに沿って、各場面や学習ごとに、働きかけに対する応じ方はどうか、要求や意欲はどうだったか等の視点から様子をまとめ、それを『個人課題票』に照らし合わせて評価を加え、今後の課題を明らかにしたものである。『課題票』はおおよそ5月半ばをめどに、『子どもたちの1年』は学期ごとに作成し、年度末には1年間をトータルにとらえた「総評」を加えてまとめるようにしている。

検討に際しては、担任集団でどの子どものまとめを担当するかの責任分担を決める。担当者は先の手順で子どもの評価を行いクラス会に提案する。それに対して担任それぞれが意見を出し合い、何度かの話し合いと検討を経て最終的には分担責任者がまとめる。

こうした子どもの課題が授業の中でどのように追求され、実際に個々の子どもがどういった力をつけたのかという子どもの成長や課題を検討し確認し合う場は、そのために必要な内容や方法、手だてや配慮を検討する場でもあり、授業の振り返りや見直しの機会ともなっている。

③ 『年間学習計画』と『実践のまとめ』

『年間学習計画』は学習領域ごとの1年間の指導計画である。小学部前期、後期、訪問・重度重複それぞれのクラス単位で「学習」と「生活」を柱に、学部全員での活動やクラス行事の計画等も含めた年間の取り組み一覧である。小学部では、現在、テーマや題材を共通にしながら子どもの課題に応じて学習を展開する「題材学習」を中心に取り組みを構成している。そこでは、同じ題材を用いながら繰り返し働きかけることで、つけたい力に迫っていくことをねらっている。子どもの実態に応じてクラスごとにねらいを絞り込んでいるため、題材学習に限っていえば、少ない場合は年間4～6単元、多くて10前後の単元設定である。ただし、後期クラスでは子どもたちの実態から「題材学習」以外の学習（領域）も行っており、そこでは内容に応じて学習計画時間が異なってい

「題材学習」

るため，取り組み全体の単元数は多くなっている。

検討すべき課題の明確化

『実践のまとめ』では，『年間学習計画』をもとにそれぞれの学習領域における1年間の実践の到達点と課題を整理することに力点を置いている。そこでは子どもたちにつけたい力とそれぞれの学習領域とが有機的に機能したかどうかが柱になる。さらに学習領域におけるねらいに対して，素材や題材は適切であったか，講じた手だては有効だったか等の視点からそれぞれの実践を評価する。「単元ごとのまとめ」についていえば，ⅰ）学習のねらいについて，ⅱ）題材・素材について，ⅲ）学習の展開について，ⅳ）学習計画について，ⅴ）学習集団について，ⅵ）個々の子どもの課題について，ⅶ）教師の果たす役割について，ⅷ）その他（学習空間のこと：題材に関する情報やつくり方等）の八つの項目（『年報・北大津 96＆97』北大津養護学校，1998年）を意識しながら到達点と課題の整理を行う。子どもたちが見通しを持って主体的に学習に参加することを重視していることから，「題材学習」の場合は一つの単元をおよそ 20～30 時間で計画し，その中にいくつかの区切り（ねらいの着眼点を変える）をおいて学習を展開している。その区切りを含めて単元終了までには日々の細かな記録とは別にクラス全員による授業の反省と検討を少なくとも 10 回前後は繰り返し行っている。

領域ごとの担当者

検討にあたっては，各クラスで領域別に担任が役割分担してまとめ，それをクラス会で検討した後に再度担当者で加筆修正してまとめる。クラスの事情によって若干の違いはあるが，一つの単元を 2 人担当とし，複数担当制をとることで互いの育ちをここでも大切にしている。「年間学習計画」は『教育計画』作成時にあわせて計画を立て，単元終了後に単元ごとの「実践のまとめ」を行い，年度末には学習領域別に年間を通したまとめと評価である「実践のまとめ」を行っている。

④ 『授業の計画（指導案作成）』と『授業のまとめ』

ティーム・ティーチングによる授業づくりを，その日の「授業−実施」という枠組みや範囲でとらえていないことはすでに述べてきた。しかし，日々の授業の積み重ねがその基本となっていることは確かであり，1 時間の授業の中にはさらに「指導案の作成−授業の実施−反省」の実践のサイクルを含んでいる。ここでは，その部分でのティーム・ティーチングにふれておきたい。

指導案の作成にあたっては，以下のような項目で作成している。すなわち，「単元のねらい，指導感や題材感，指導時間数，授業の導入・展開・まとめ，指導の手だてと留意点，教室配置（教場），準備物等」の項目である。この指導案をもとに授業を行い，ⅰ）子どもの様子はどうだったか，ⅱ）指導の方法は妥当かどうか，ⅲ）指導者の働きかけや言葉かけは適切か，ⅳ）手だてや配

慮に工夫の必要はないかといった視点からポイントを絞って事実を出し合い，記録にとどめ，次回の授業に向けて目標の見直しと手だてや配慮の変更について共通理解を図る。その日ごとの記録と反省を目標としながらも現実には十分な時間がなく，短時間に子どもの事実の出し合いだけをしたり，限られた場面の働きかけや配慮事項の記録だけになったりすることも少なくないが，話し合うこと，確認し合うことは何よりも優先して考えている。

中心指導とサブ指導の教師の役割分担

日常的な授業検討の場におけるもう一つの柱に，中心指導の教師とサブ指導の教師の役割分担をどう進めるかがある。当然のことながら，子どもの様子とその評価との関係で語ることはいうまでもないことである。そこでは，例えば，「授業を進行するにあたっての役割分担」「子どもに対する働きかけの役割分担」「子どもの様子の把握の分担」「教材や教具をどう扱うかの分担」等が話し合いのポイントになる。それらが，授業のどの場面のどういった状況の中でのことなのかとあわせて事実を出し合い，それを擦り合わせて授業の反省と検討を行う。このように話し合いを重ねることで，単なる事実の寄せ集めや，意見の述べ合いではなく，事実の把握とその解釈の違いを明らかにできる。さらにその違いに踏み込んで意見を交換し，練り合わせることで子どもを見る目が育ち，授業を様々な観点から見つめ直す柔軟性も養われる。その意味では，授業研究会は少し構えた場ではあるが，話し込むことで子どもの見方が磨かれ，授業が練られ，確実に次の授業が変わるという手応えを得やすい機会となっている。

教師集団の力量

つまり，「授業－実施－評価－再計画」という日々の繰り返しの中に，3人の教師の連携が4人にも5人もの力にもなるといった教師集団としての力量を磨く場が凝縮しているということなのである。

教師側に求められる力量は，授業の中で子どもの思いや行動をある程度予測し，仮説を立ててどれだけ意図的な働きかけができるかどうか，しかもその場において，教師間で互いの思いや意図のキャッチボールをしながら，臨機に対応できるかどうかである。そうした力量を磨く機会や場があるかどうかがよりよい授業ができるかどうかを左右するといっても過言ではないだろう。

力量を磨く機会や場という意味でも，実践のサイクルを軸としたまとめや集団論議の場が，そのための時間の確保や運営システムの整えによって，教師個人でなく教師集団による集団での検討を充実させる機会となり，授業づくりに生かされるということについて述べてきた。

ティーム・ティーチングの醍醐味

よりよい授業づくりに向けたこうした方法や手だての意図的・意識的な追求が，子どもの力を最大限に引き出し，子どもの成長や育ちにつながる。それに励まされ，後押しされる形で教師集団の力量も高まる。子ども集団と教師集団

が共に育ち合う関係が築けるということは、まさにティーム・ティーチングの醍醐味でもある。そしてこれは、障害児教育において、大切にされなければならない教育内容の充実と実践水準の維持と発展ということにも結びつく。ティーム・ティーチングはこれらのすべてを支え、生かすための必要なシステムであり方法であるといえる。

■編著者紹介
太田正己

京都教育大学教授

　十数年の知的障害養護学校勤務ののち，大学で「障害児教育方法」，「障害児教育臨床」の授業を担当。特に「障害児教育臨床」では，学生が養護学校で子どもたちや先生方と直接関わる経験を重視している。また，養護学校を中心に授業研究会に多く参加している。専門は，障害児教育の授業づくり，授業研究。

　最近の主な著書：
　　『普段着でできる授業研究のすすめ－授業批評入門』(明治図書，1994年)
　　『深みのある授業をつくる－イメージで教え，事実で省みる障害児教育』
　　(文理閣，1997年)
　　『自分の授業をつくるために－基礎用語から考える』(文理閣，2000年)

〈執筆者一覧〉

序　章	太田正己	京都教育大学
第1章	田邉滋人	京都市立呉竹養護学校（京都市立東養護学校）
第2章	吉崎純子	奈良県立大淀養護学校
第3章	林　栄昭	岡山県立東備養護学校
第4章	大谷博俊	和歌山大学教育学部附属養護学校
第5章	中川宣子	京都教育大学教育学部附属養護学校
第6章	仲矢明孝	岡山大学教育学部附属養護学校
第7章	松井　悟	滋賀県立北大津養護学校
第8章	早川　透	京都教育大学教育学部附属養護学校
第9章	蚊口桂子	滋賀県立北大津養護学校

＊執筆時の所属が現時点と異なる場合，執筆時の所属を（　）で表しています。

障害児教育＆遊びシリーズ⑤
障害児のための授業づくりの技法

2000年11月15日　初版発行
2002年 2月25日　3刷発行

編著者　太田　正己
発行者　武馬　久仁裕
印　刷　株式会社　一誠社
製　本　協栄製本工業株式会社

発行所　株式会社　黎明書房

460-0002 名古屋市中区丸の内3-6-27 EBSビル
☎052-962-3045　FAX052-951-9065　振替・00880-1-59001
101-0051 東京連絡所・千代田区神田神保町1-32-2
南部ビル302号　☎03-3268-3470

落丁本・乱丁本はお取替します
©M. Ōta 2000, Printed in Japan

ISBN 4-654-00055-0